民族魂

学生成长励志故事读本

# 忠贞不渝 故事

陈志宏◎编著

延边大学出版社

· 延吉 ·

图书在版编目（CIP）数据

忠贞不渝故事 / 陈志宏著 . —延吉 : 延边大学出版社 , 2013.3（2024.1 重印）

ISBN 978-7-5634-5399-3

Ⅰ . ①忠… Ⅱ . ①陈… Ⅲ . ①品德教育—中国—青年读物 ②品德教育—中国—少年读物 Ⅳ . ① D432.62

中国版本图书馆 CIP 数据核字 (2013) 第 049225 号


忠贞不渝故事

主编：陈志宏
责编：孙淑芹
封面设计：映像视觉
出版发行：延边大学出版社
社址：吉林省延吉市公园路 977 号 邮编：133002
电话：0433-2732435 传真：0433-2732434
网址：http://www.ydcbs.com
印刷：天津市天玺印务有限公司
开本：155×220 毫米 1/16
印张：8
字数：50 千字
版次：2013 年 03 月第 1 版
印次：2024 年 01 月第 4 次印刷
书号：ISBN 978-7-5634-5399-3
定价：38.00 元

民族魂，是一个民族的精髓，体现了一种民族的精神，是民族存在的精神支柱。

说起民族的精神，人们通常都会想到爱国主义。从古代的屈原、岳飞，到近代为保卫祖国领土完整的人民英雄；从古代的发明家张衡、毕昇，到今天为祖国的建设事业贡献力量的科学家；从古代的李白、杜甫，到今天为民族文学艺术的提高而不懈奋斗的文学家……在他们身上，都体现出一种广义的爱国主义和爱国精神。

爱国主义是一种伟大的民族精神，也是中华民族的传统美德，与我们祖国上下五千年的历史一样源远流长。作为一种巨大的精神力量，它对中华民族的历史发展与进步产生了重大的影响。

民族魂
学生成长励志故事读本

# 前言

在我国古代历史上，不仅出现过许多杰出的政治家、军事家、思想家、文学家、科学家、艺术家，还出现过一大批忧国忧民、鞠躬尽瘁的仁人志士和抗击外敌、抵御入侵的民族英雄。他们或开发和改造祖国的河山，创造灿烂的中华文明；或英勇反击民族压迫和外来侵略，捍卫国家的主权和民族的尊严；或坚决反对民族分裂，维护国家的统一和民族的团结；或顺应历史潮流，积极改革弊政，励精图治，治国安邦，施利于民……他们从不同的侧面体现了中华民族的爱国主义精神，谱写了爱国主义的壮丽诗篇，铸造了中华民族坚不可摧的"民族

之魂"。

　　人们之所以将爱国主义精神作为中华民族精神的主要特征，是因为19世纪以来的中华民族饱受外来民族的欺凌、压迫和剥削，从而需要以爱国主义来凝聚人心、努力奋斗，从而获得民族的解放。

　　翻开中国近代史册，最触目惊心的是一场场的战争、一件件的国耻。深重的民族灾难，撞击着每一个爱国者的心。帝国主义列强发动了第一次鸦片战争、第二次鸦片战争、中法战争、中日甲午战争、八国联军之役等大小100多次战争。每一次战争，都以强迫清政府签订不平等条约而结束。

　　面对亡国灭种的威胁，华夏大地的炎黄子孙们掀起了波澜壮阔的爱国热潮，创造了光照千秋的爱国主义业绩。中华民族所散发出来的民族精神，无论在深度和广度上都是前无古人的。无数民族英雄、志士仁人，在救国图存、振兴中华的斗争中所表现出来的爱国精神，既是对中华民族古代爱国主义传统的继承与发扬，又具有鲜明的时代特征。

　　除了爱国主义之外，勤劳、勇敢、诚信、团结、知礼、尊贤、节俭、敬业，热爱和平、不屈不挠、自强不息、励精图治、开拓创新等，也都是中华民族的精神精髓，是中华民族灵魂的具体表现。在五千年的历史中，我们的先辈在这片土地上，以这种高尚的品行和美德不

民族魂——学生成长励志故事读本

断地开辟，才有了如今屹立于世界民族之林的东方强国。作为一个有着漫长历史的积淀与升华的民族，伟大的民族精神早已烙刻在了我们每个人的灵魂深处，与我们的血肉融合在一起。

民族魂
学生成长励志故事读本

# 前言

青少年是国家的希望，也是民族不断发展和延续的根本。总有一天，我们的民族精神、我们祖国的这片神奇的土地要传到当代青少年手中。从这个意义上来说，我们民族精神的生机与活力，我们祖国的命运与前途，也掌握在青少年的手中。因此，青少年的爱国主义教育和励志图强教育也就显得更加重要。为了增强和提升国民教育，尤其是青少年的爱国主义精神、民族精魂志向，我们精心编写了本套丛书——《民族魂——学生成长励志故事读本》丛书。

本套丛书将有史以来体现民族精神和民族灵魂的典型事迹，以通俗易懂的故事形式娓娓道来，非常适合青少年的阅读水平和欣赏口味。书中提供了古往今来多个典型人物和事件典范，展现出的人物也涉及社会的各个层面，有利于青少年立心、立志、爱国、进取，从而全方位地领悟中华民族的精神、灵魂之所在。

在本套丛书中，为帮助读者更好地理解和学习这些源远流长的美好精神，我们还在每一篇故事后面给出了"心灵物语"，旨在令故事更加结合现代社会，结合我们自身的道德发展，提高我们的民族爱国精神，并由此

而引发读者进一步的思考。

深刻的哲理人生，表现了博大精深的文化；精彩的人物事迹，道出了励精图治的典范；历代的爱国故事，喻出了民族精神的深意；高尚的品德展现，浓缩了上下五千年的灿烂文明……我们希望，青少年朋友们通过阅读本套丛书，能够受到深刻的爱国主义教育，能够真正体会到中华民族的灵魂所在，同时更能够汲取精华，励精图治，为提升自己的个人素质、为祖国未来的建设和发展作出努力。

全套丛书分类编排，内容详尽，文字优美，风格独具，是广大读者，尤其是青少年爱国励志教育的优秀读物。我们相信，本套丛书一定可以成为青少年朋友们的良师益友。

导言

　　"信"，即"人言"，就是人说的话，人说的话应是真实可信的，这是"信"最基本的词义。后延伸为有信念、信心、信义、信誉、诚信等含义，我们这里所说的是守信，忠贞地守信。信守诺言，讲求信用。守信，是做人的基本准则，守信与诚实是相互联系又相互统一的优良品德。自古以来，诚实守信就是衡量一个人品德的重要方面，也是中华民族的传统美德之一。守信是主事之根本。人无信不立，企业无信不长。重诺言、守信用不仅体现着相互信任，也体现着道德的修养。

　　守信之德源远流长，在中华民族发展的历程中，一直受到推崇和坚守。本书中所记述的那些经典故事，就是其具体表现。帝王将相有如"魏文侯守信不失约""刘备守信不弃百姓""李世民信任尉迟敬德""魏文侯用人不疑""晋文公守信用""则天任人以信"等；志士仁人有如"少年梁启超兑现诺言""傅震学成回国践诺""商鞅立杆为信推变法""奢香为民族大义守信"等；达官贵人有如"周公辅教成王守信""季札挂剑兑现承诺""胡雪岩诚实不欺"等；文人骚客有如"范式守信千里赴约""季布一诺千金""范仲淹守信舍命保遗物""裴度拾金不昧等遗物人"等；普通百姓有如"俞绘守约三年还银""朱晖不负朋友之托""义士失约以死相告""华歆行舟救人不弃""十元钱还了几十年"等，一个个感人肺腑的故事，蕴含着守信重义这一美德真谛。

诚实守信这一传统美德发展至近现代，守信已不仅是个人交往应遵守的道德准则，它已发展成革命队伍中必须遵守的思想原则、政治路线、组织纪律的一部分。在革命传统中的诚实守信，不仅是个人道德修养的内容，而且成为党性、革命性的具体标志。守信传至今天，无论其意义的深度还是其内容的广度，都有了新的发展和飞跃。守信更是商品经济的必要条件和内在要求，从某种意义上说，也是契约经济。在市场经济的运转链条中，无论是生产、交换，还是分配、消费，每一个环节都离不开信用。失信、失约也就意味着不仁不义、背信弃义。我们今天看到的许多不尽如意的人和事，不守信用，背信弃义，满嘴谎言，胡说八道，有规不守，有责不负，甚至一些人把能说谎看成是一种能力。这些现象令人唾弃、令人所不齿。这与我国的优秀传统道德相悖，不仅有违于人的道德标准，更阻碍社会的发展和进步。

作为当代青少年，应该以古代的先贤和革命前辈、模范人物为榜样，继承、发扬守信的美德，克服和批判"讲信誉吃亏""不说谎话办不成大事"的错误思想的影响，树立以守信为荣，以失信为耻的观念。自觉做到为人处世不造假、不说谎、不骗人；在与人交往要守信用、讲信义，答应的事努力去办，不食言；要勇于坚持真理、改正错误。对撒谎失信、言行不一的人要敢于进行批评和帮助；不自欺、不欺人，办事光明磊落，信守允诺、信守合同、信守约会、信守时间，做一个守信誉的人。

2

# 目录

## CONTENTS

I

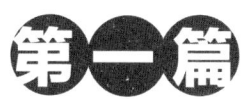

# 第一篇
# 人品高尚 守信践诺

# 魏文侯守信不失约

> 魏文侯魏斯(? —前396年),魏桓子之孙,从公元前445年即位至公元前396年去世,在位执政49年。他是我国战国时期魏国的建立者。姬姓,魏氏,名斯,一名都。在位时礼贤下士,师事儒门子弟卜子夏、田子方、段干木等人,任用李悝、翟璜为相,乐羊、吴起为将。这些出身于小贵族或平民的士开始在政治、军事方面发挥其作用,标志着世族政治开始为官僚政治所代替。

周王朝末期,中央统治者昏弱无能,各诸侯国互相攻伐征战兼并领地,扩张势力,以期称王称霸。魏文侯为富国强邦广征英才贤士,辅佐其霸业。他言出必诺,并表现得非常虔诚。臣下魏成向他推荐卜子夏、田子方、段干木三位贤德之士,魏文侯都拜为国师,留在身边随时请教。更令人感动的是他每次经过段干木的住宅时,都要在车上俯首行礼,以示尊敬。他虔诚敬贤的事迹传开后,四方贤德之士接踵归附。魏文侯的虔诚还表现在他能虚怀若谷,倾听臣下的劝谏。

一天,魏文侯与国师田子方一起饮酒,乐师奏乐助兴,钟鼓琴瑟,管弦丝竹,好不热闹。忽然,文侯侧耳倾听少许,说:"编钟的乐声有些不协调,好像左边高。"田子方微微一笑,不以为意。魏文侯十分诧异:"你笑什么?"田子方躬身一揖,诚恳地说:"臣下我听说,国君懂得任用乐官,不必懂得乐音。现在国君您精通音乐,我担心您会疏忽了任用官员的职责。"魏文侯听罢，欣然接受，起身道谢，并称赞说："国师您说得太对啦！我一定记住这些忠言。"

大将乐羊攻打中山国，尽占其地，魏文侯把这些领地封给自己的儿子魏击。他得意地问群臣："我是什么样的君主？"大家异口同声地说："您是仁德君主！"只有任座不肯阿谀，直言说："国君您得了中山国，不用来封您的弟弟，却封给自己的儿子，这算什么仁德君主！"魏文侯听闻此言，勃然大怒，任座拂袖愤然离去。魏文侯又问翟璜，翟璜回答说："您是仁德君主。"魏文侯问："何以见得？"翟璜说："臣下我听说，国君仁德，他的臣子就敢直言。刚才任座的话很耿直，于是我知道您是仁德君主。"一席话说得魏文侯有所领悟，转怒为喜，立刻派翟璜去迎任座回来，并亲自迎下殿堂，奉为上宾。

魏文侯不仅对自己的臣子虔诚守信，就是对一般百姓也是言出必诺。

有一次，魏文侯大摆酒宴与群臣同乐，菜香酒醇，鼓乐喧天，君臣喝得意酣情浓，神采飞扬。正欢乐间，外面风雨大作，见此情景，魏文侯放下玉爵，起身招呼侍臣备车。左右群臣对国君的突然决定感到奇怪，不解地问："我们君臣饮酒正在兴头上，外面又下着大雨，国君打算到哪里去呢？"魏文侯挥挥手，说："郊外山野。"大家都疑惑地你瞅瞅我，我望望你，谁也不知道大王究竟要干什么。魏文侯怕扫了群臣的兴头，于是耐心地解释说："我与山野村长约好今天去打猎，虽然这里很快乐，也不能不遵守那边的约定。"说完登上车，亲自奔赴山野之中与相约之人见面，告诉他，今天下大雨不能去打猎。山野村长听后，很受感动，暗暗称赞："大王，真信人也！"

## ■心灵物语

正直的臣子直言纳谏，贤明的君主大都能够接受，但魏文侯作为一国之主能够信守约定，不顾风雨亲自赴约，这是难能可贵的，也是很多君主不能做到的！

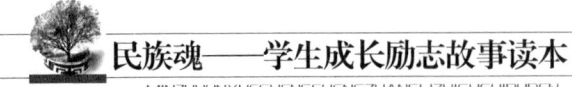

■史海钩沉

## 三家分晋

春秋末年，晋国被韩、赵、魏三家瓜分，史称"三家分晋"。当时，魏国、赵国和韩国三家联合灭掉了同为晋国四卿的智氏。公元前403年，周威烈王封三家为诸侯。《资治通鉴》记载："周威烈王二十三年，初命晋大夫魏斯、赵籍、韩虔为诸侯……"史学界就以此作为春秋与战国的分界点。

■文苑荟萃

## 传国之玺

玺，是封建时代最高统治者皇帝的宝印。在无数的宝玺中，秦代制造的"传国玺"被称为天下共传的"至宝"。几千年来，有关"传国玺"的种种传说都充满了神秘色彩，甚至在两千多年后的1924年11月，末代皇帝溥仪被逐出宫时，警察总监张璧和鹿钟麟等还在搜寻这块"历朝相传的金镶玉玺"。

相传在春秋时期，楚人卞和在荆山（今湖北南漳县）看到有凤凰栖落在青石之上。古人认为，"凤凰不落无宝地"，因此，卞和就把此璞献给了楚厉王。结果经过玉工辨识后，认为这只是一块普通的石头。卞和也因此而以欺君罪被刖左足。楚武王即位后，卞和又去献宝，仍因前罪被断去右足。至楚文王时，卞和抱着这块璞玉在荆山下痛苦不已，文王才命人剖开石璞，果然得到宝玉。经良工雕琢成璧后，这块宝玉便被称为"和氏璧"。秦代所制造的"传国玺"，就是用"和氏璧"雕琢而成的。

# 周公辅教成王守信

> 　　周公（生卒年不详），姓姬名旦，系周文王第四子，武王的弟弟。我国古代著名的政治家，曾两次辅佐周武王东伐纣王，并制作礼乐，天下大治。因其采邑在周，爵为上公，因此被人称作周公。

　　周公姓姬名旦，是周文王姬昌的儿子、周武王姬发的弟弟。他道德高尚，才能出众，多才多艺，帮助武王推翻了商纣王的统治，分封了天下，并且建立了各种制度，使社会安定且有秩序，因此很得武王的信任。后来武王病重，临终前告诉周公说："我要死了，最放心不下的就是儿子姬诵，他现在还在襁褓之中，你要多帮助他呀！"周公说："放心吧，我绝不辜负您的重托！"武王死后，周公就自任摄政王，继续为天下的安定不辞辛苦地工作着。

　　时间一年一年过去，姬诵也一天天地长大，成了一个眉清目秀、聪明伶俐的少年。有一天，他和弟弟姬虞在花园里玩儿，兄弟俩你追我赶，十分高兴。过了一会儿，姬诵说："咱们别打闹了，玩个文的游戏好吗？"姬虞问："怎么玩文的游戏呢？"姬诵说："你在我面前跪下，咱们玩'封土建王'的游戏！"姬虞还是不明白，不过他已顺从地跪下了。只见姬诵从地上拾起一片梧桐叶，说："请接着！我当上大王以后，就封你当诸侯！"姬虞就说："谢大王恩典！"说完，他们都开心地大笑。

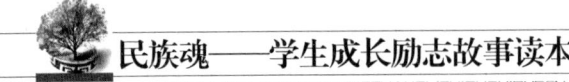

一位史官见到了，赶紧把这场游戏记载下来。

正在这时，周公也到花园里来了，就问这哥儿俩："你们玩什么呢？那么高兴！"姬虞举起梧桐叶，说："叔父，哥哥封我当诸侯啦！您瞧瞧，这就是凭据！"

周公听了，立即恭敬地作揖，表示诚挚的祝贺。可是姬诵和姬虞都笑了起来，说："叔父啊，我们是在玩游戏，有什么可祝贺的呢？"

周公却严肃地对姬诵说："封土建王，这是治理国家的大事，你是王储，怎么可以当作儿戏呢？如果连这样的大事也满不在乎，怎么能使百姓信服呢？"这一来，姬诵才觉得事情闹大了，心中不免有些不安。

周公说："不必紧张，这是好事，说明你已经长大了，已经有了执政的能力了。你小的时候，我代你摄政，已经有七年了，现在应该还政给你了！只是要记住，当了君王，一要勤于国家大政，不能沉迷于奢侈的享受；二要诚实守信，说话算数，不能使百姓失去信任之心。"

于是，周公选了一个好日子，举行了隆重的仪式，让姬诵继承王位，这就是周成王；又给周成王选了一个好日子，分封姬虞到唐当上了诸侯。周公还政给成王以后，仍然努力协助成王，治理出了一个太平盛世。

## ■心灵物语

周公还政，本就是一件诚信的事情，他又教导周成王守信，把这种美德流传下去，这是多么高尚的品德啊！这种言必信、行必果的品德也是我们需要继承和发扬的。

## ■史海钩沉

### 成康之治

成康之治是指西周初期姬诵、姬钊的统治，史家称"成康之际，天下安宁，刑错四十余年不用"。

西周时期，周成王、周康王相继在位的40多年间，形成了安定繁荣的政治局面。为了慑服商顽民而建的东都成周城落成后，辅政大臣周公还政于成王，周朝从此也进入了巩固的时期。周成王及其子周康王继承文王和武王的功业，节俭克制，积极缓和阶级矛盾；又令周公制礼作乐，即王朝各种典章制度的创立和推行，大规模地进行自周武王时开始的分封制。

西周分封，是建立在以宗法血缘关系为纽带上的周天子统治下的地方行政系统，从而在一定时期内起到了加强周王朝统治的作用。而且分封制还在一定程度上维护了天子、诸侯、卿、大夫、士等这一等级序列的礼制。成康时期的诸侯，都是由中央直接控制的。到了成康王的统治时期，周朝还曾命诸侯征讨淮夷、东夷等地，加强了对异邦的统治。

成康时期，是周王朝最为强盛的阶段，天下安宁，刑具40余年不曾动用，因而历史上也有成康之治的赞誉。

■文苑荟萃

### 《封神演义》

《封神演义》约成书于明朝隆庆年间，原本属于中国平民娱乐文学，作者是明朝的陈仲琳（或许仲琳）（也有一说为明代道士陆西星，《封神演义》中有十余处引用道教经典《黄庭经》）。

《封神演义》的原书最早可以追溯到南宋的《武王伐纣白话文》和《商周演义》《昆仑八仙东游记》等书，主要是以古代魔幻神话故事再参考古籍和民间传说创作而成的。

# 季札挂剑兑现承诺

季札（生卒年不详），春秋时期吴国人。吴王寿梦少子。封于延陵，称延陵季子。后又封州来，称州来季子。

西周时期，淮河的北岸、洪泽湖西有一个非常强盛的国家——古徐国。古徐国面积虽然不大，却是兵强马壮，称霸一方。到了春秋时期，虽然古徐国的国力不如过去强盛，但依然算是国泰民安。

公元前544年，吴国国君寿梦的四儿子季札受命出使北方的鲁、齐、郑等国。途经古徐国时，季札便慕名去拜会当时的古徐国国君。

季札风度翩翩、一表人才，举手投足之间尽显彬彬有礼的君子风范。而古徐国的国君仁爱谦和，虽有不怒而威的君主气度，却也礼让有加，让季札心仪不已。于是二人一见如故，相见恨晚。

席间，古徐国国君道："吴越宝剑，天下闻名，公子何不以所佩之剑乘兴起舞，让大家长长见识，也一饱眼福？"

季札爽快地回答说："遵命！"

话音刚落，季札已手握宝剑，随着悠扬的乐曲声翩翩起舞。只见这剑一会儿在灯火的映照下幻若彩虹，闪烁着奇异绚丽的光芒；一会儿又随着季札有节律地舞动，起伏如游龙般见首不见尾。

国君不禁高声赞道："好剑！好剑！果然是名不虚传！自古英雄出

少年，宝剑更添英雄气！"

季札一听，忙躬身致谢道："感谢国君对我们吴越宝剑的夸奖。"

随后，季札解下宝剑，让古徐国国君细细把玩、观赏。抚摸着这人间宝物，国君激动得屏住气息，双眼紧紧地盯着宝剑，从剑梢看到剑柄，又从剑柄看到剑梢，好长时间才回过神来，缓缓地说："这真是人世间罕见之物啊……"

季札知道国君看上这把宝剑，因为他的神情中处处流露出对这把宝剑的喜爱之情。季札想，既然我是万里赴知己，以此相赠，也算宝剑赠英雄了。然而，佩剑作为一种礼节是必需的，所以此时还不能赠剑，必须要完成使命回来后才能将此剑献上。于是，季札就在心里许诺要将此剑赠予国君。

第二天，季札便佩戴着宝剑上路，出使他国去了。

光阴荏苒，一晃就是一年多，季札顺利地完成了出使北方诸国的使命，准备回国了，但他的心里仍惦记着一件事……

随行者问季札："回去时不走来时的路行吗？一来可以看看新的景致，二来也可以再结交一些新朋友。"季札坚定地说："不！一定要原路返回，以兑现我在古徐国时心中许下的诺言。"

于是，季札和随行人员马不停蹄地奔向古徐国。然而世事难料，古徐国国君此时已经病逝了。悲痛之余，季札将心爱的宝剑解下来交给古徐国新国君，并说出当时的心愿。而新国君以先君无命，坚决不肯接受此剑；季札的随行人员也认为此剑乃吴国之宝，赠送给他人不合适。季札却坚决地说："我心中曾许下过承诺，我不能欺心。"

季札来到老国君的陵前，烧香礼拜，痛哭流涕。然后，他双手托起宝剑，捧在胸前，口中喃喃地说："请国君原谅我当初的不赠之举，现在我特地来践行自己的诺言了，望国君接受季札的敬意。"说罢，季札将剑高高举过头顶，向老国君的陵墓深深地鞠了一躬，然后毫不犹豫地把剑悬挂在墓前的松树枝上，头也不回地走了。

## ■心灵物语

季札只是心中许下诺言，他人并不知道。在老国君已不在人世的情况下，季札仍然坚持实践自己的诺言，真正做到了内诚于心而外信于人，不愧为品德高尚的君子。

## ■史海钩沉

### 秦霸西戎

公元前770年，周平王东迁洛邑。在东迁时，秦襄公因护送周平王有功而被封为诸侯。

秦以前位于今陇东一带。周在东迁后，秦开始占有西岐之地，德公时居雍（今陕西凤翔）。到了秦穆公时，秦国逐渐强大。而且，此时秦与晋通婚，关系比较密切，但两国又因为相互接壤而经常发生矛盾。在晋文公死后，秦穆公便趁晋国举丧而向东派兵袭击郑国，后来因为郑有所防备而退回。然而在行经殽地（今河南渑池、洛宁一带）时，秦军遭到了晋的伏兵阻击，秦师全军覆灭，三帅被俘。此后，秦便不时地与晋较量。比如在公元前625年，秦伐晋，在彭衙（今陕西白水）一带大战，秦战败。一年后，秦穆公又亲自率兵伐晋，渡过黄河后，烧毁乘舟，晋人见秦有决一死战之心而不敢应战。

然而，秦国当时因为国力不如晋国，虽然屡与晋国作战，却很少得利。而晋正好堵住了秦东向的通道，因此秦也很难进入中原。出于以上原因，秦只好向西发展，击败附近的戎人，以增强自己的力量。史称穆公"益国十二，遂霸西戎"。同时，秦还与南面的楚国加强联系。从秦穆公之后到春秋末期，秦一直都和楚站在一起，而与晋为敌。

□ 文苑荟萃

### 《春秋》

　　《春秋》又称《麟经》（《麟史》），是一部由孔子编订的我国现存最早的编年体史书，亦是儒家经典之一，记载了从鲁隐公元年（公元前722年）到鲁哀公十四年（公元前481年）的历史。

　　在中国的上古时期，春季和秋季是诸侯朝觐王室的时节。另外，春秋在古代也代表一年的四季。而史书记载的，通常都是一年四季中发生的大事，因此"春秋"便成为史书的统称。而鲁国史书的正式名称就是《春秋》。传统上认为，《春秋》是由孔子编订的，但也有人认为是鲁国史官的集体作品。

　　《春秋》一书中的文字相当简练，记载的事件也很简单，但是，242年间诸侯攻伐、盟会、篡弑及祭祀、灾异礼俗等，在这部书中均有记载。它所记载的鲁国十二代的世次年代也完全正确，所记载的日食与西方学者所著的《蚀经》比较，互相符合的也有30余次。因此，这些记载足可证明《春秋》并不是古人凭空虚撰的，故而可以定为信史。

# 曾参守信言传身教

> 曾子（公元前505—前436年），姓曾，名参，字子舆，春秋末年鲁国南武城（有山东平邑县和嘉祥县两说，尚无定论）人。黄帝的后代，也是夏禹王的后代，是鄫国（缯国）太子巫的第五代孙。父亲曾点（曾皙），母亲上官氏。生于东鲁，移居武城，16岁拜孔子为师，他勤奋好学，颇得孔子真传。他积极推行儒家主张，传播儒家思想。孔子的孙子孔伋（字子思）师从曾子，又传授给孟子。

春秋时期，在鲁国的乡下，曾参的儿子牛牛正在与几个男孩儿玩耍。其中有个男孩儿要赖，结果大家都闹得不欢而散。牛牛回到家中，把此事告诉父亲曾参。曾参开导儿子说："小孩子说话要算数，要说到做到。做不到的事情，就不能轻易答应，否则别人会认为你没有信用。"牛牛听后，认真地点了点头。

这时，牛牛来到母亲纺纱的房间，正好一个线球滚落到他的脚下。母亲随口就说："乖儿子，快帮娘把线球拣过来，等一会儿娘织完布去集市给你买点心吃。"牛牛高兴地拣起线球，走到母亲面前说："父亲的老师孔子说过，人说话要算数，否则就没有人理你了。"母亲接过线球答应道："那是当然了，娘说话算数的！"

母子俩来到草房喂猪，看到日渐长大的母猪非常高兴。不一会儿，牛牛又来到邻居家的门前，想找小朋友一起玩耍，不想一股诱人的香味吸引了他。他寻着香味来到邻居家的厨房，心想：什么东西这么香呢？邻居家的老伯告诉他，这是炖肉，可好吃啦！馋得牛牛直流口水。

　　第二天，曾参起早便整理自己的文章，发现笔墨要用完了，就和妻子商量去集市用布换一些日用的东西回来。太阳刚刚出来，曾参夫妇就扛着布匹，挽着竹篮，准备去集市。刚一出门，就被正在院中玩耍的儿子挡住了去路。牛牛知道父母要去集市，就吵着也要去。这时，曾参抚摸着儿子的头说："牛牛听话，和小朋友去玩耍，爹回来一定带点心给你吃！"牛牛得寸进尺地说："我不要吃点心，我要吃肉！"母亲听了吓了一跳，心想：肉可不是随便就能吃到的，老百姓只能逢年过节才有这个口福。但为了摆脱牛牛的纠缠，她随口答应说："好！好！回家杀猪给你吃！"牛牛听后立刻松开了手，高兴地喊道："我家要杀猪吃肉了！"馋得小伙伴们都直咽口水。

　　傍晚，曾参夫妇从集市上归来。曾参放下手中的东西，拿起尖刀就要去杀猪。曾妻急忙拦住曾参说："你怎么能去杀猪呢？"曾参说："你不是已经答应儿子，要杀猪给他吃肉的吗？"妻子满不在乎地说："那就是哄哄他，你还当真了？等会儿给他两块点心不就行了。"牛牛听后很不高兴，嘟囔着说："母亲不能骗人！"曾参也对妻子说："对孩子不能言而无信。父母是他的第一任老师，一言一行都要注意啊！"

　　说完，曾参就要进猪圈杀猪。曾妻拼命拉住丈夫苦苦哀求，说等猪长大，可以换点儿钱，一家人的吃穿全指望它了。牛牛看到母亲如此伤心，也拉着父亲说，自己不吃猪肉了。

　　曾参明白，儿子其实心里是想吃肉的，只是怕母亲伤心，于是就对儿子说："你母亲说话是算数的。"随后，曾参又扶起伤心的妻子，和她进行了推心置腹的交谈，强调父母的言行对孩子教育的重要。如果父母对孩子说谎，那么孩子长大后也容易变成一个无信无义的人。曾妻听后，明白了其中的道理，表示猪杀了可以再养，给孩子留下诚信的印象才最重要。

## ■心灵物语

子不教，父之过。曾参信守诺言的做法对教育、培养孩子正确的人生观、价值观有着重要的作用！我们应该学习和发扬言必信、行必果的优良传统。

## ■史海钩沉

### 召陵之盟

春秋初年，楚国发展迅速，并向中原挺进。它先后消灭了在今河南省南部和西部的申、息、邓等国，并伐黄服蔡，多次向郑国发起进攻。郑国在楚国的强大攻势之下，支持不住，准备背齐向楚。

为了救援郑国，公元前656年，齐桓公率领齐、宋、陈、卫、郑、许、鲁、曹、邾九国军队，进攻楚的盟国蔡国，最终蔡军不战而溃。楚国见齐的盟军强大，不敢与之交战，便派使者质问齐桓公："你住北海，我住南海，你带领大军来这里是什么意思？"齐则以楚不向王室朝贡相质询。随后，齐桓公又进兵到鄢（今河南鄢城县南），就这样，两国军队从春天相持到夏天，都不敢轻易地讨伐对方。楚坚持不住，便派大夫屈完到齐去讲和。当然，齐也看到楚国强大，无隙可乘，齐桓公见不能用强力屈楚，只好退军到召陵（今河南鄢城东南），与楚国建立盟约，史称"召陵之盟"。

## ■文苑荟萃

### 曾子避席

"曾子避席"这一典故出自《孝经》，是个非常有名的故事。曾子是孔子的弟子，有一次，他在孔子身边侍坐，孔子问他："以前的圣贤之王有至高无上的德行、精要奥妙的理论，用来教导天下的人，人们就能和睦相处，君王和臣下之间也没有什么不满，你知道它们是什么吗？"

曾子听了，知道老师孔子要指点他最深刻的道理，于是立刻从坐着的席子上站起来，走到席子旁边，恭恭敬敬地回答说："弟子不够聪明，怎么能知道呢？还是请老师把这些道理教给我吧。"

在这里，"避席"是一种非常礼貌的行为。当曾子听到老师孔子要向他传授道理时，马上站起身来，走到席子旁向老师请教，是为了表示对老师的尊重。曾子懂礼貌的故事也被后人竞相传颂，很多人都向他学习。

# 季布"一诺千金"

> 季布(生卒年不详),秦末楚地人,曾效力于项羽,并于多次战役中崭露头角,击败刘邦军队。项羽败亡后,被汉高祖刘邦悬赏缉拿。后在夏侯婴的说情下,刘邦饶恕了他,并拜他为郎中。

秦朝末年,政治黑暗,百姓生活困苦,还要负担沉重的官差、徭役。少年季布心中十分仰慕古代的游侠,立志长大后要当一个"除恶济贫"的人。为此,他从小练就了一身的好武艺,决心做一个说话讲信用、行动讲效果,为帮助别人不惜牺牲自己的人。

长大后,季布成了一个身材魁梧、说一不二的青年,很受大家器重。为了躲避差役,季布干脆离家出走,沿着长江四处流浪。他沿途帮助穷苦人民,主持正义,凡是答应过的事情他都一定做到,在长江中游一带很有名气。老百姓都说:"得黄金百斤,不如得季布一诺。"后来,这个谚语就演变为成语"一诺千金"。

当时,楚霸王项羽起义反抗暴秦,季布遇上了楚霸王的农民起义军后,也兴冲冲地参了军。楚霸王项羽听说季布到了军中,亲自召见了他,任命他当了将官。季布作战很勇敢,经常带领士兵冲在最前面,缴获敌人的旗帜最多,起义军里都把他称作"壮士"。不久,他就成了起义军中的高级将领。

项羽与刘邦争天下时,爆发了"成皋之战"。楚霸王项羽命令季布押解汉王刘邦的父亲太公，项羽对刘邦喊道："你若不急速退兵，我就把你爹用油锅烹了！"刘邦一看，自己年迈的父亲被绑在高车上，后面是季布雄赳赳地骑在战马上，而楚霸王的兵更是多得数不清，只好说道："我与项羽都是楚怀王一起分封的诸侯，互相之间约定为兄弟。所以，我的父亲就是项王的父亲。项王如果真要烹了我的父亲，那最好就分给我一碗肉吧！"多亏项羽的叔叔项伯在旁边劝说，项羽才放了刘邦的父亲。

公元前203年，成皋之战在汜水（今河南省荥阳市汜水镇）决出胜负。楚军在渡汜水的时候，刚刚渡了一半就遭到汉军的突然袭击，被打败，粮草等物资都被汉军缴获，损失惨重。第二年，楚汉战争进入决战阶段，楚军被汉军围困在垓丘下（今安徽省灵璧县东南），并被彻底击溃。最后，楚霸王在乌江（今安徽省和县东北）自杀。汉王刘邦统一了中国，他就是汉朝的开国皇帝汉高祖。

称帝后，刘邦将父亲太公尊为太上皇。他想起季布当时押解父亲的情景，非常恼火，便让大臣去查明季布的情况，但没有人知道季布的下落。于是，刘邦就发布"通缉令"缉拿季布，宣称"谁抓到季布就赏千金，敢于匿藏季布的要诛杀三族（父族、母族、妻族）"。

此时，季布已经逃到了濮阳（今河南省濮阳县西南），躲在好朋友周氏的家里。他看到城门口悬挂的通缉令后，立即回到周氏的家里，躲在屋子里发狠地磨着宝剑，决心冲出去拼个鱼死网破。主人周氏见此情景皱了下眉头，低声问道："你是知道通缉令了对吗？"季布抬起头，睁圆了大眼睛，重重地点了一下头。周氏叹了一口气，慢吞吞地说："现在你急，我也急，还有一位比你我更急的，那就是皇帝！你是楚霸王下面的一员勇将，很多人都认识你。如今将军在我家，如果不愿听我的话，我只好先自杀了，免得受到你的连累。如果愿意听我的话，我倒是有一条计策献上。"

季布想了想，斩钉截铁地说："我愿意听从您的安排！"周氏见状，高兴地说："这就对了。人们都说：得黄金百斤，不如得季布一诺，你答应别人的事就不会反悔。现在，我要把你装扮成奴隶的模样，运到

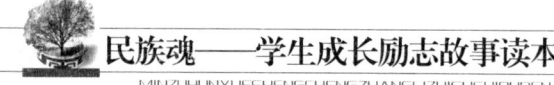
山东卖给朱家。朱家虽然是个大财主，却是个行侠仗义的明理人，而且与朝中的几位大臣都很有交情。世上惺惺惜惺惺，好汉惜好汉，恐怕只有他才能够救你。你从将军到奴隶，地位有了天壤之别，所以凡事一定要忍耐，不能由着性子来。"季布听了，重重地点了一下头。于是，周氏就把季布剃成了光头，又给他换上粗麻布的破烂衣裳，让他和家奴住在一起。

第二天一早，季布就和几个家奴一起被关进了柳条马车，被押往山东。几天后，一行人到达山东朱家的府上。周氏也不计较价钱的多寡，把奴隶全部卖给了朱家。随后，他指着季布对朱家说："这个奴隶性子刚烈，希望先生多多照顾。"朱家仔细一看，认出这个奴隶原来就是季布，便笑着答应了。

周氏走后，朱家将季布特意交给儿子，说："你负责照看这个奴隶，他平时干多少活都随他的便。但有一条你要记着：他必须与你同桌吃饭！"交代清楚后，他就坐上马车到洛阳去了。

来到洛阳后，朱家便求见了汝阴侯夏侯婴。夏侯婴见到老朋友特别高兴，忙设宴款待。席上，朱家问道："不知季布有什么大罪，皇上要派您负责缉拿他呢？"夏侯婴说："季布屡次帮助项羽围困皇上，皇上怨恨他。"朱家又问："依您看，季布算个什么样的人呢？"夏侯婴说："平心而论，季布也是个人才，作战勇敢，为人讲信用，心地很善良。"

听了夏侯婴的话，朱家趁势说："做臣下的人，都会各为其主。过去，季布是项羽手下的大将，为项羽出力也是他的职责。皇上与项羽也曾约定为兄弟，淮阴侯韩信等一大批人也都当过项羽的将官。如果项羽的臣下都该杀，那得杀多少人呢？如今皇上一统天下，唯独要凭自己的私怨在全国通缉一个季布，怎么能表示团结天下人共同治理国家的宏图呢？如果季布被逼急了，北方可以投靠匈奴国，南方可以去南越国，那岂不是把名将送给敌国吗？君侯，您应该把这个道理向皇上奏明啊！"

夏侯婴听了朱家的一席话，频频点头。他知道，季布现在必定在朱家，因此就决定做个顺水人情，爽快地答应了朱家的请求。

此时，刘邦正住在洛阳的南宫，还没有迁往长安。夏侯婴是刘邦年轻时的同乡好友，曾与刘邦一同起兵，在夺取天下中立下了不少功劳，故而被封为汝阴侯。凭着与刘邦的亲密关系，第二天夏侯婴就去见了刘邦，将朱家教他的话一五一十地奏给刘邦。刘邦历来是一个"从谏如流"的君主，因此立即答应撤销通缉令，赦免季布，并封季布为郎中。

刘邦去世后，汉惠帝即位，惠帝的母亲吕后执掌朝政。这时，季布已经升任中郎将，是领兵的大将了。汉朝北方的敌国匈奴得知汉高祖去世的消息后，蠢蠢欲动，欲夺取汉之天下。匈奴王派使臣送来了一封国书，书信中用污言秽语大骂吕太后。吕太后看完书信后脸都气黑了，立即召集大臣商议回击匈奴的事宜。上将军樊哙是吕太后的妹夫，也是朝中的首席大将。他首当其冲地发言，大言不惭地喊道："为臣愿意带领十万大军，去把匈奴踏平荡尽！"几乎所有的将官都奉承吕太后和樊哙，连声说道："上将军所言极是！"

季布听了这些话后非常气愤，义正词严地说："樊哙简直就是胡说八道，应该受到惩罚！当初，高祖带领四十万大军征讨匈奴，还被匈奴困在平城，难道樊哙当时不在场吗？现在他居然说可以用十万军队荡平匈奴，完全是当面欺君！前代的秦朝就因为征发民夫准备讨伐匈奴，最终引发了陈胜起义。如今，国家的创伤还没有痊愈，樊哙就来曲意奉承，妄动刀兵，这是在动摇国家的根基，制造不应发生的动乱！"

季布的这一番话，说得在朝大臣面面相觑，噤若寒蝉，朝堂上下鸦雀无声。吕太后十分生气，咬着牙齿宣布"散朝"。回到后宫后，她还坐在床上生闷气，身边的太监轻声问她："太后是想处罚季布，还是想再议征伐匈奴的事？"她站起来踱了几步，无可奈何地说道："这件事就算了吧！季布讲的是真话，他是个诚实的人。"

■心灵物语

讲真话，做实事，乃是为人臣子义不容辞的责任。"得黄金百斤，不如得季布一诺。"一诺千金这个成语就是出自此语，季布的这种品德堪称守信践诺的典范。

■史海钩沉

## 西汉建立

秦朝末年，天下大乱，到处都是割据势力。此时，刘邦和项羽也陆续崛起。项梁找到了楚王的后代，立为楚怀王（后为楚义帝），与刘邦各自出兵，准备消灭秦朝。

在谋士的建议下，刘邦率先于公元前207年12月攻入关中，秦王子婴投降，刘邦比项羽先一步入据秦都咸阳。刘邦没有实现"先入关者为王"的约定，因为自己的实力不及项羽，所以便退军灞上。此后，项羽逐渐掌握大权，凭借自己强大的武力进行统治，分封诸侯。他立楚怀王为义帝，封自己为"西楚霸王"，将刘邦封在蜀地，并将刘邦的国号定为汉。这一年，全国各地共有18个诸侯，一个义帝。不久，刘邦就在自己的封地整顿军队，准备对项羽发起进攻。一开始，刘邦并不占据优势，然而，刘邦的军事才能虽然比不了项羽，但他很善于用人。刘邦重用萧何、张良、陈平等谋士，并得到了不被项羽重用的大将韩信，正是由于韩信出色的军事才能，使局面得以逆转。在最后的垓下战役中，刘邦打败了项羽。而项羽也拒绝了属下东渡乌江、卷土重来的建议，在乌江边上自尽，为楚汉战争画上了一个句号。

公元前202年2月28日，刘邦称帝，定国号为汉。6月定都长安，西汉王朝就此诞生。

■文苑荟萃

## 推恩令

推恩令是汉武帝为削弱诸侯王势力而颁布的一种重要法令。

西汉自文、景两代帝王开始，怎样限制和削弱日益膨胀的诸侯王势力，就成了皇帝面临的严重问题。文帝时期，贾谊鉴于淮南王、济北王的谋逆，曾提出"众建诸侯而少其力"的建议。汉文帝在一定程度上接受了这个建议，但并没有完全解决问题。汉景帝即位后，采纳晁错的削藩建议，结果导致吴楚七国以武装叛乱相对抗。景帝最终平定了叛乱，并采取一系列相应的措施，使诸侯王的势力受到很大的削弱。

然而至武帝初年，一些大国仍然连城数十，地方千里，严重地威胁着中央集权的统治。因此，元朔二年（公元前127年），主父偃上书汉武帝，建议令诸侯推私恩分封子弟为列侯。这样，名义上是施德惠，实质上则是分其国以削弱诸侯王的势力。

这一建议既迎合了汉武帝巩固专制主义中央集权的需要，又避免了激起诸侯王武装反抗的可能，因此立即被汉武帝采纳。同年春，汉武帝颁布了推恩令。推恩令下达后，诸侯王的支庶多得以受封为列侯，不少王国也先后分为若干侯国。按照汉制，侯国隶属于郡，地位与县相当。因此，王国析为侯国，就是王国的缩小和朝廷直辖土地的扩大。这样，汉朝廷不行黜陟，而藩国自析。此后，王国辖地仅有数县，彻底解决了王国的问题。

# 刘备守信不弃百姓

刘备（161—223年），字玄德。涿郡涿县（今河北涿州）人，据说是汉中山靖王刘胜的后代，三国时期蜀汉的开国皇帝，221—223年在位，政治家，庙号烈祖。

　　三国中期，刘备在屯兵时，遭到曹操的攻打，他便派人向刘表求援。刘表亲自到城外迎接他们，以贵宾的礼节招待，还为刘备扩充了兵力。

　　刘表死后，诸葛亮劝刘备攻打刘表的儿子刘琮，以夺取军事要地荆州。刘备说："刘表待我很好，死前又将儿子托付给我，我如果攻打他，天下人一定会说我无情无义，我不忍这么做。"于是，他在城外呼唤刘琮。刘琮听到后，因愧于自己曾向曹操写过降书，不敢出城。城中将领见刘备如此讲信义，便出城投奔他。从此，跟随刘备的百姓日益增多，达到数十万人。由于人多，每日行进的速度很慢，影响了向江陵进军的进程，有人劝刘备说："我们现在虽有很多人，但都是布衣百姓，不能打仗。如果曹操的兵马追来了，我们如何应战呢？不如抛弃他们，快速前进，占领江陵要地。"刘备回答说："成大事者必以人为本，现在人们都投奔、归附我，我又答应携带这些百姓，现在正是危急关头，我怎能言而无信，抛弃他们不管呢？"

　　■心灵物语

　　刘备之所以能成就一番霸业，与他的爱民之心和信守诺言的品质是分不开的！

□史海钩沉

## 刘备失荆州

建安二十四年（219年），曹操亲自攻打汉中。刘备倚仗汉中地处天险，谨守壁垒而不出战。曹操进不能进，运粮困难，无奈之下，只好退军。然而，这一战役其实对蜀中的压力也是相当大的，一度打到"男子当战，女子当运"（青壮男子从军作战，妇女后勤运输）的地步，兵力疲惫不堪，而且曹操虽然退军到长安，却依然对汉中虎视眈眈，汉中压力依然不减。

此时，刘备为汉中王，拜关羽为前将军，假节钺。关羽起兵围襄阳，水淹七军，抓住于禁，斩杀庞德，围困曹仁于樊城，自许都以南纷纷响应关羽，一时间关羽威震华夏。不久，曹、孙联合，先是徐晃率众击退关羽，关羽退回汉水以南，以水军隔绝汉水，襄阳仍然被困。接着，吕蒙白衣渡江，劝降南郡守将糜芳、公安守将士仁，兵不血刃地占据了荆州地界。

□文苑荟萃

## 刘备的惠陵

惠陵是蜀先主昭烈皇帝刘备的陵寝，位于四川省成都市的南郊。

整个古冢拔地突起，红砖垣墙环绕，苍松翠柏掩映，庄严肃穆。砖砌的垣墙环绕陵冢，周长约180米。在陵寝前，有乾隆年间刻制的穹碑一通，碑身镌刻着"汉昭烈皇帝之陵"7个苍劲有力的大字。陵寝的前方建有寝殿，西侧原来还建有"昭烈庙"和"武侯祠"。

据记载，武侯祠始建于公元4世纪左右。晚唐诗人李商隐在游惠陵时，曾写下了一首"武侯祠古柏"的诗。著名诗人杜甫也曾在惠陵留下了"丞相祠堂何处寻，锦官城外柏森森"的诗句。由此可见，当时惠陵的周围应为古柏苍郁，气势宏伟。明朝初年，"武侯祠"被并入"昭烈庙"，重修后的昭烈庙非常壮观，大门横额上有"汉昭烈庙"四个金色楷书字的大匾。然而可惜的是，这一建筑早已毁于兵火。

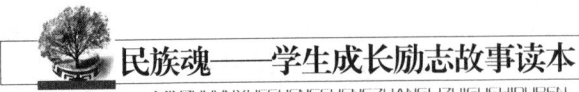

 ## 华歆行舟救人不弃

华歆（157—232年），字子鱼。籍贯冀州平原高唐（今山东高唐县）。汉灵帝时举孝廉，任郎中，后因病去官。后何进征召为尚书郎。官渡之战时，曹操"表天子征歆"，任为议郎，参司空军事，入为尚书，转侍中，代替荀彧为尚书令。曹操征讨孙权，"表歆为军师"。后任御史大夫。曹丕即位后，拜相国，封安乐乡侯。后改任司徒。魏明帝曹叡即位，晋封博平侯。卒谥敬侯。

华歆、王朗同是三国时期的人。在一次战乱中，他们两人被追兵撵到了长江边。慌乱中，他们找到了一条船。正要开船，岸上又跑来了一个人呼喊求救，也要搭乘这条船逃往对岸。华歆见此情景，为难起来，在一旁沉默不语。旁人见他犹豫不决，也不好开口。

这时追兵越来越近，王朗着急了，忙对华歆说："就让他搭船吧，正好船上还有地方，为何不帮他一把呢？"就这样，那人也与华歆、王朗同乘一条船往对岸逃跑。

船行到江中心，追兵已经赶到岸边。他们看见华歆、王朗的船，便纷纷下水泅渡追赶。泅水的士兵离行船越来越近，划船的艄公累得精疲力尽，船的速度也越来越慢了。王朗见此情景，开始慌了，便打算赶一同逃难的那人下船。华歆连忙阻止王朗说："我当初所以迟疑，不答应，正是怕出现这样的情况。我们既然已经答应人家同船逃难，怎么能中途丢弃人家呢？"王朗被说得无言以对，只好照华歆的话办。

追兵泅到江心渐渐累了，泅水速度便慢了下来，与华歆他们的船距离又逐渐拉大了。就这样，行船胜利地划到对岸，华歆、王朗及那人摆脱了追兵，那个人也顺利地逃出了虎口。

这件事传开后，人们都赞扬华歆办事讲信用，说话算话，在任何情况下也不改变初衷。

## ■心灵物语

华歆之所以开始不让被追赶的人上船，正是意识到了其中的危险。但当他答应那人上船之后，面临极大的危险的局面也不退缩，这正是守信用的真正体现啊！愈是危难关头，愈显守信的难得！

## ■史海钩沉

### 晋灭吴之战

晋灭吴之战发生在晋武帝太康元年，吴末帝天纪四年（280年）三月。当时，晋夺取了长江上游，同时又以主力大军攻占了扬州长江北岸的地区，直逼吴的京师建业。晋朝大将率领8万大军攻入建业城，逼降吴主孙皓，一举灭亡了东吴的政权，重新统一了中国。

## ■文苑荟萃

### 《世说新语》中的华歆

《世说新语·德行》中记载：华歆、王朗俱乘船避难，有一人欲依附，

歆辄难之。朗曰："幸尚宽，何为不可？"后贼追至，王欲舍所携人。歆曰："本所以疑，正为此耳。既已纳其自托，宁可以急相弃邪？"遂携拯如初。世以此定华、王之优劣。

管宁、华歆共园中锄菜，见地有片金，管挥锄与瓦石不异，华捉而掷去之。又尝同席读书，有乘轩冕过门者，宁读如故，歆废书出看。宁割席分坐，曰："子非吾友也。"

# 陶侃戒酒不忘母训

> 陶侃（259—334年），字士行（或作士衡），鄱阳县（今江西鄱阳）人，东晋时期名将，大司马。初为县吏，渐至郡守。永嘉五年（311年），任武昌太守。建兴元年（313年），任荆州刺史。后任荆江二州刺史，都督八州诸军事。他精勤吏职，为人称道。

东晋的时候，有一位大将军叫陶侃，做过荆州刺史。有一回，他宴请武昌名士殷浩、庾翼等人，吟诗作赋，讲谈学问，非常高兴。

大家喝过两杯酒后，殷浩举杯说："将军，您最近平定了郭默的叛乱，立下了大功，请让我敬您一杯！"陶侃想了一想，痛快地说："谢谢，喝！"说着，便一饮而尽。

庾翼祝酒时，陶侃应该高高兴兴地饮下这杯酒才是，不料陶侃却抱拳作揖，说："先生，对不起了，我今天饮酒已经足量了！"

殷浩附议说："将军，今天大家高兴，您应开怀畅饮！看得出您有海量呢！"

想不到这时，陶侃却泪流满面，哽咽着说："不瞒二位先生，家母生前曾向我规定过：每次饮酒，三杯为限。今天杯额已足，我不能违背先母的禁约！"接着，他回忆了青年时代的一段往事。

陶侃的父亲陶丹本是三国时期孙吴的名将，但很早就死了。陶侃小

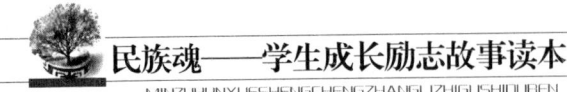

时全靠母亲纺纱织布培养长大，后来当上浔阳县城一名小小的"鱼梁吏"。母亲一直对他要求很严。有一次，他托人捎几条咸鱼回家，想让老人家高兴高兴，不料陶母原封不动地退了回来，还附了一封口气严厉的信，说："你才当上了个小官，就拿公家的东西回家，真叫我汗颜！"另一次，浔阳县里举行宴会，陶侃喝得酩酊大醉。酒醒后，母亲一边垂泪，一边责备他说："饮酒无度，怎能指望你刻苦自励为国家建功立业呢？"陶侃羞愧难当，母亲要求他保证：从此严于律己，饮酒不过三杯。

陶侃讲完往事，接着说："苏峻、郭默之乱虽然已经平定，但是国家尚未统一，北方还被羯族人石勒占据，西边的巴蜀则有氐（音低）族人李雄割据。男儿报效国家的路还长，我怎能违背先母遗训呢？"

殷浩、庾翼听完，肃然起敬，说："将军，虽然老夫人仙逝多年了，而您信守遗训，不减当初。这种美德一定会同功业一起永留青史！"

## ▢心灵物语

虽然母亲去世多年，但陶侃时刻不忘母亲遗训，拒不饮酒；他信守遗训的品质和报效祖国的决心将被后人所敬仰！

## ▢史海钩沉

### 陶侃轶事

陶侃在广州时，没有事的时候总是早晨把白砖运到书房的外边，傍晚又把它们运回书房里。有人问他这样做的缘故，他回答说："我正在致力于收复中原失地，过分悠闲安逸，唯恐不能承担大事，所以才使自己辛劳罢了。"

陶侃生性聪慧敏捷，做人谨慎，为官勤恳，整天严肃端坐。军中和府中众多的事情，自上而下检查管理，没有遗漏，不曾有片刻清闲。招待或送行有序，门前没有停留或等待之人。他常对人说："大禹是圣人，还十分珍惜时间；至于普通人则更应该珍惜分分秒秒的时间，怎么能够游乐纵酒？活着的时候对人没有益处，死了也不被后人记起，这是自己毁灭自己啊！"

有一次，陶侃外出，看见一个人手拿一把未熟稻谷，陶侃问："你拿它做什么？"

那人回答："在路上看见的，就随意拿来罢了。"

陶侃大怒说："你既不种田，又拿别人的稻子戏耍！"陶侃抓住他鞭打，因此在他治理下的百姓勤于农事，家中充足。

造船的时候，陶侃命人把木屑和竹头都登记后收藏起来，人们都不明白这样做的原因。后来大年初一聚会时，地面积雪，太阳刚放晴，厅堂前积雪，地面还潮湿，陶侃于是用木屑铺散地面。等到桓温伐蜀时，又用陶侃保存的竹头作钉装船。陶侃综合料理事务极其细密，由此可见一斑。

■文苑荟萃

## 牧猪奴戏

"牧猪奴戏"释为对赌博的鄙称。出自《晋书·陶侃传》中所写的"樗蒲者，牧猪奴戏耳！"

如：樗蒱为牧猪奴戏，奈何得遇主知？蔡东藩《唐史演义》第四十七回。

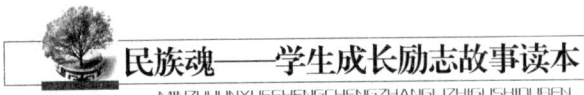

#  裴度拾金不昧等遗物人

> 裴度（765—839年），唐朝名相，字中立，河东闻喜（今山西闻喜东北）
> 人，唐代后期杰出的政治家。

裴度是唐朝一位很有作为的政治家，一生曾做过三朝的宰相。可是，裴度的相貌丑陋，又是矮个子，从小就比同龄的伙伴矮上半头。因为这个原因，他常常被同伴嘲笑，说他天生一副"穷相"，将来不会有出息。

裴度可不在乎别人说什么，他想：只要自己不欺心、不欺人，诚实、努力，将来一定会有所成就的。

裴度十五六岁时，有一回送朋友出城。归途中，他顺路绕到郊外的香山寺去玩。这天正是九九重阳节后的第二天。香山寺内外，烧香还愿、赏菊踏青的人来来往往，络绎不绝。裴度在寺外的集市上买了一小袋茱萸，他把茱萸袋挂在衣襟上，嗅着浓浓的香味，一边走一边观赏眼前的秋景和寺里的建筑。

观赏了半天，裴度觉得腿脚累了，就坐在大殿的门槛上歇息。这时，天色渐晚，寺里烧香的人已经稀稀拉拉没有几个了。忽然，有一位中年妇人急匆匆地走上殿来。她的穿着虽然整齐，却面带愁容，鬓发凌乱，肩上挎着一个绸布包裹，两手在胸前紧紧挽着包裹的扣结。妇人走过裴度身边时，大概是闻到了茱萸的香气，忽然停住脚步，两眼闪着泪花，直盯着裴度衣襟上的茱萸袋。她愣了一会儿，才转身走进殿去。

这奇怪的举动引起了裴度的好奇心，他的目光跟随着妇人。只见那妇人走到佛像前，略微迟疑了一下，才将肩上的包裹小心翼翼地拿下来，轻轻挂在身旁的栏杆上。然后拈起几炷香，插进香炉，又跪在佛像前的蒲团上，虔诚地祝祷起来。裴度远远看到那妇人的头深深伏下去，肩头不断抽动，显然是在努力压抑着自己的哭声。裴度心想：这妇人样子可怜，一定是家里发生了很不幸的事情。又想起她刚才盯着茱萸袋发愣的样子，记得当年大诗人王维的名诗《九月九日忆山东兄弟》写道：

独在异乡为异客，每逢佳节倍思亲，

遥知兄弟登高处，遍插茱萸少一人。

想到这里，裴度推测这妇人一定是有什么亲人失散了，所以才在这九九重阳的日子里，到寺庙里来祝祷亲人重新团聚。

这时，又有几个烧香的客人走进寺里，他们一边走，一边高声谈笑。声音惊动了那位妇人，她急忙站起身，用罗帕掩着脸，大概是怕别人看到她痛哭的样子。只见她低着头，踉踉跄跄地向寺外走去了。裴度目送着她的背影消失在寺门外，无意中，他忽然发现那妇人的包裹还挂在栏杆上。他赶忙跑过去，拎起包裹就往外追。等他追出寺外一看，那妇人已经不知去向，远远地可以看见有几辆马车在奔驰，也不知妇人是坐哪辆车离去的。

裴度着急地跺着脚，连声说："这可怎么办？这可怎么办？"他想：看那妇人小心翼翼的样子，包裹里面肯定是什么贵重的东西。她已经是悲痛万分了，再把包裹丢了，这不是要她的命吗？转念又想：如果包裹中是贵重东西，那妇人发现丢失之后，肯定会回来寻找的。我就在这里等她回来，到时当面交给她。于是，裴度索性坐在寺门外，望着通向远处的大道，盼着那妇人尽早回来寻找失物。

可是，左等右等，总是不见那妇人回来。看看天色已晚，西边天上只剩下一片血红的晚霞。寺里打扫庭院的和尚走过来，见裴度孤零零地

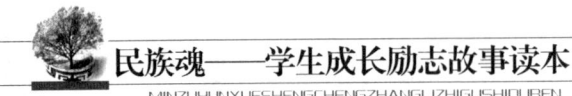

一个人坐在门外，就好奇地问："这位小施主，为何在此久坐不去？"

裴度答道："我在等一位丢失东西的客人。"

和尚说："现在天色已晚，那位客人大概不会回来了。若是信得过我，可否让我替您转交给她？"

裴度想了想说："不，还是我亲手交给她才放心。我家住在城里，回去晚了，父母要责怪。看来今日也等不到她了，我先赶回家去，明日一早，我一定赶回来等她。"

当天晚上，裴度将包裹枕在头下，久久不能入眠。他回想着那位妇人悲痛的样子，决心不管花多大气力，也要找到她，将包裹亲手交到她手里。

第二天，裴度起了个大早。背起包裹，带了些干粮，就动身赶往香山寺。当他赶到寺门外时，昨天遇到的那位和尚正在那里打扫门前的落叶。见到裴度气喘吁吁地赶到，和尚感动地说："善哉，小施主真是一位至诚至善的人啊！"

不一会儿，一辆马车飞奔过来，停在寺门外。车夫跳下车，扶着一位妇人走下车来。裴度定睛一看，正是丢包裹的那位妇人。只见她面色苍白，两眼发直，已经不能自己走路了。车夫扶着她走过来，对和尚说："我在路上见到这位夫人晕倒在路边，叫醒她之后，就求我送她来香山寺。我看她实在可怜，就送她来了。"

这时，那位妇人抬起头来，焦急地问道："请问师傅，昨日有没有拾到一个包裹？"

不等和尚回答，裴度已走上前去，把包裹递到妇人手里说："您的包裹在这里。"

妇人双手紧紧捧着包裹，两眼望着裴度，一下子跪在地上，泣不成声地说："您真是我家的大恩人啊！"

妇人打开包裹，里面是两条镶满珍珠的玉带，还有一条珍贵的犀牛皮带。妇人流着眼泪说："不久前，我父亲遭歹人的陷害，被抓进大牢，定了死罪。我家里穷，没有钱为父亲赎命。我昨日从亲友处借到这些东西，打算送到管事的衙门里，赎回父亲一条命。没想到我光顾着伤心拜佛，却把包裹丢在寺里。要不是您好心送还，我父亲就只能一死了。"说着，妇人连连给裴度磕了几个头，又拿出一条玉带，硬要送给裴度作为酬谢。

裴度坚决推辞道："这可不行。归还失物，本来就是我该做的，何况这是为救你父亲的性命，怎么能要你感谢呢？"说着，他摘下衣襟上的茱萸袋，送到妇人手里说："等救出你父亲，你们再带着这茱萸，到这里来重新团聚，补过一个重阳节吧！"

说完，裴度转身离去，身后传来和尚的赞叹声："如此诚实无欺的年轻人，日后一定不会是等闲之辈啊！"

## □心灵物语

裴度以诚实对待人生，拾到宝物而不私昧，救人危难而拒绝酬谢，他可以说是个真正的老实人了。后来他成了天下闻名的政治家。他的经历说明了诚实也是一种催人进取、促人成功的力量。

## □史海钩沉

### 元和中兴

唐宪宗元和九年（814年），裴度官至御史中丞。当时，唐宪宗在宰相李吉甫、武元衡的支持下，决心削藩。这一年，节度使吴少阳死，其子吴元济图谋继立，于是发兵侵扰邻境，威胁朝廷。宪宗发兵征讨。而成德（今河北正定）节度使王承宗、淄青（今山东益都）节度使李师道等人与元济相互勾结，派刺客刺死了主张讨伐的宰相武元衡，并砍伤裴度。于是，宪宗便任命裴度代元衡为相，主持讨叛之事。

元和十二年（817年），朝廷在与叛军作战后战败，宰相李逢吉等以淮西屯兵四年，劳师弊赋，力主罢兵。而裴度认为，淮西是腹心之疾，必须扫除才行，因此自请督师。同年八月，裴度以宰相领淮西节度使、淮西宣

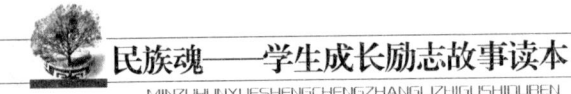

慰招讨处置使，赶赴前线作战。出发时，裴度慷慨誓道："臣若贼灭，则朝天有期；贼在，则归阙无日。"

这时，诸道兵都有宦官监军，因此，诸军将事权不专，裴度便奏准罢去监军，加强了对军队的统一指挥。十月，名将李晟之子李愬雪夜破蔡州，行军深入70里，生擒吴元济。李愬攻下蔡州后，迎接裴度进城，拜谒道旁。李愬诚恳地说："蔡人顽悖，不识上下之尊，数十年矣，愿公因而示之，使知朝廷之尊。"淮西既平，河北震慑，诸藩也相继归顺。贞元十四年，裴度又平定了淄青李师道，史称"元和中兴"。

■文苑荟萃

## 裴度庙

在河南省郑州市东南方向的中牟县姚家乡岗王村，有一座古老的裴度庙。这座庙宇是当年中牟县的百姓为纪念唐朝的贤明宰相裴度而修建的。

据明朝正德九年的《中牟县志》记载，裴度原是唐朝的一员名将，他为人忠厚正直，并忠心为国，经常率兵在中牟县的东南部驻扎，保土安民，维护当地的治安，百姓深受其惠，因而裴度也深受当地百姓的爱戴。当地的老百姓为了使子孙们都能记住裴度的功绩和恩德，便在此处修建庙宇纪念。

裴度庙自唐朝修建以后，历代都进行过多次重新修缮。但由于历史上硝烟不断，战火频仍，裴度庙在历史风云中也多次被毁，如今所存的庙宇是民国初年修建的，已看不出当初的原貌了。

在裴度庙的旁边，生长着两株年代久远的古柏，其中一株柏树高达16米，主干7米，胸径将近1米。令人称奇的是，这株古老的柏树是松柏合璧之树，它的南半边枝叶是松树，北半边枝叶是柏树，是一种古老树种，被列为县级保护树种。

#  种世衡冒雪赴约

种世衡（985—1045年），字仲平，京兆府长安（今陕西西安）人，北宋边疆名将，乃种谔（即"老种经略相公"）之父，种师道（即"小种经略相公"）之祖父，重气节，有才略。

北宋庆历三年的一个冬天的早晨，大臣范仲淹正在巡视边境。他一边视察一边思考：环州（今甘肃省环县）的羌族部落大部分都在暗中与李元昊（西夏国国君）往来，这样很不利于朝廷统一大业。怎样才能招抚羌人，并使他们和宋朝联合，一起抵御西夏呢？

突然，范仲淹的脑海里出现了一个名字——种世衡。种世衡是宋朝著名的将军，他曾率将士戍边多年，屡立大功。他对待西北各部落非常诚信，恩威并施，在羌族人中很得人心。此时，由种世衡负责修建的青涧城已经完成，若由他去做环州知州，招抚羌族就会变成一件很容易的事了。

想到这里，范仲淹忙命随从备马驾车，日夜兼程地赶回京城汴梁。

到达京城后，范仲淹顾不得多日来的旅途颠簸劳顿，马上就进宫去见宋仁宗，并递上一本奏折，奏请皇上任命种世衡为环州知州。仁宗看罢奏折，听了范仲淹的建议，连连称赞道："爱卿所奏与朕所思不谋而合，好！好！"于是下旨，任命种世衡为环州知州。

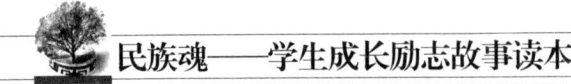

　　种世衡接到朝廷的圣旨后，深感肩上责任重大。他长期驻守边陲，与各少数民族打交道，深知朝廷只有善待他们，他们才会善待朝廷。像汉朝的王昭君远嫁匈奴、唐代的文成公主西藏和亲，都是民族和睦的生动事例。种世衡匆匆收拾行装，连夜从青涧城出发赶往环州。

　　由于种世衡在西北各少数民族中享有很高威望，所以羌族部落的酋长牛奴讹听说他来当知州，便亲自率众到环州郊外迎接。要知道这位酋长平时非常倔强，对汉人的官吏也一向傲慢无礼，是从不拜见州里的长官的。

　　种世衡见牛奴讹亲自迎接，大喜过望，十分感动，忙朝他拱手行礼道："承蒙酋长远迎，本官明日在府邸聊备薄酒，以示答谢。"

　　牛奴讹边还礼边说："能与种大人这样讲信义的君子打交道，我备感荣幸。我想，还是按我们羌人待客的礼俗，请大人明日到我的营帐来，由我为大人接风洗尘。"

　　种世衡不假思索地回答道："多谢酋长厚意，明日本官一定前往。"

　　第二天晚上，到了约定的时间，风雪漫天。部下向种世衡报告说："大人，外面狂风暴雪，道路险阻，而且牛奴讹凶狠狡诈，难以信任，为安全起见，还是别去吧。"

　　种世衡说："那怎么行？本官一向以信义结交边民，牛奴讹也正是因此才与我相约，我怎可以不去呢？从我自身来说，不能违背自己做人的原则，一定要讲诚信；从国家利益考虑，现在正是以信义招抚羌族的大好时机，我岂能错过约定时间，失信于羌人？"

　　于是，种世衡顶风冒雪前往，到了羌族的营帐前，牛奴讹看到浑身是雪的种世衡，大为吃惊："风雪这么大，路又滑，我以为种大人不会来了。我们羌族世世代代居住在这山上，汉人的官吏从来没有人敢到这里来，您是第一个。种大人，您难道一点儿都不疑心我吗？"种世衡笑道："疑者不来，来者不疑嘛！"

　　牛奴讹动情地说："说心里话，今天种大人要是失约，我们羌人就

会怀疑汉人的诚意……"

种世衡说："所以，信义乃处世之本也。"

牛奴讹叹道："可惜，朝廷像您这样的官员不多呀！他们来到此地，不是武力镇压就是设置圈套，横征暴敛，欺压百姓，哪有信义可言！"

种世衡道："只要本官在此任上，一定严守信义，善待羌人，本官可以对天发誓！"

"若是朝廷的官员都像大人的话，一定会完成统一大业，边陲也就安宁了。"牛奴讹说着，率领部落的男女老少围成一圈，按羌人的最高礼节向守信的种世衡行礼，表达对他的敬佩之情。

### ▢心灵物语

君子一言，快马一鞭。种世衡不避险阻，冒雪践诺，乃是当之无愧的君子。

### ▢史海钩沉

#### 商税专卖

北宋时期，商业发达，因此政府对商税也非常重视，在全国各地设置场、务等机构，专门用来征税。

宋朝的商税分为两种：一种是过税，每关值百抽二，是对行商抽的；另一种是住税，值百抽三，是对坐贾抽的。除了正税之外，还有各种杂税。随着商业的繁荣，商税也日益成为政府的重要财源之一。真宗景德年间，商税只有450万贯，而到仁宗时，已经增加到了2200万贯。

北宋政府为了搜刮更多钱财，对盐、茶、酒、矾等实行专卖，即由官府控制这些物品的生产并垄断销售。北宋专卖制度的盛行，使得封建政府大获其利，却严重地影响了私营工商业的正常发展。

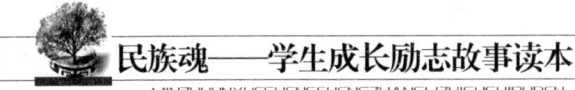

■文苑荟萃

## 《宋史·种世衡传》节选

种世衡，字仲平，放之兄子也。少尚气节，昆弟有欲析其赀者，悉推与之，惟取图书而已。以放荫补将作监主簿，累迁太子中舍。

尝知泾阳县，里胥王知谦以奸利事败，法当徙，遁去。比郊赦辄出，世衡曰"送府则会赦"，杖其脊而请罪于府，知府李谘奏释之。后通判凤州。州将王蒙正，章献后姻家也，所为不法。尝干世衡以私，不听，蒙正怒，乃诱知谦讼冤而阴助之，世衡坐流窦州，徙汝州。弟世材上一官以赎，为孟州司马。久之，龙图阁直学士李纮为辨其诬，宋绶、狄棐继言之，除卫尉寺丞，历监随州酒，签书同州、郿州判官事。

西边用兵，守备不足。世衡建言，延安东北二百里有故宽州，请因其废垒而兴之，以当寇冲，右可固延安之势，左可致河东之粟，北可图银、夏之旧。朝廷从之，命董其役。夏人屡出争，世衡且战且城之。然处险无泉，议不可守。凿地百五十尺，始至于石，石工辞不可穿，世衡命屑石一畚酬百钱，卒得泉。城成，赐名青涧城。迁内殿崇班、知城事。开营田二千顷，募商贾，贷以本钱，使通货赢其利，城遂富实。间出行部族，慰劳酋长，或解与所服带。尝会客饮，有得敌情来告者，即以饮器予之，繇是属羌皆乐为用。再迁洛苑副使、知环州。

 # 义士失约以死相告

> 包拯（999—1062年），宋庐州合肥（今属安徽）人，字希仁，天圣朝进士。累迁监察御史，建议练兵选将、充实边备。奉使契丹后，历任三司户部判官，京东、陕西、河北路转运使。入朝担任三司户部副使，请求朝廷准许解盐通商买卖。改知谏院，多次论劾权幸大臣。授龙图阁直学士、河北都转运使，移知瀛、扬诸州，再召入朝，历权知开封府、权御史中丞、三司使等职。嘉裕六年（1061年），任枢密副使。后卒于位，谥号"孝肃"。包拯做官以断案英明刚直而著称于世。知庐州时，执法不避亲党。

　　包拯是北宋时期著名的清官。他在出任开封知府期间，为官清廉，执法严明，权贵恶霸都害怕他，平民百姓却把他当作能为自己申冤雪恨的"青天大老爷"。

　　据说包拯刚到开封府时，有一段时间，开封城外怪事频发，连续有几个恶霸被人杀死，而且都是在睡梦中被勒杀的，家里人连声音都没听见。从作案手段来看，这些案子都是一个人干的。当地的地方官出了很高的悬赏来捉拿这个杀人者，并且派出精干的差役暗中查访，结果一无所获。这件事很快就在开封一带传遍了，老百姓们拍手称快，都管这个杀人者叫"无名大侠"。地方官们查不出结果，只好把案情报告给包拯。

　　包拯把案情反复研究了一番，又到现场进行了仔细的勘查，发现这些死者在被杀之前，都恰好刚刚做过一件坏事。其中，最后一个被杀的

恶霸还曾扬言说，他根本不害怕受到惩罚，结果当天晚上就被勒死在被窝里了。

包拯心里有了主意。他一面不动声色地继续派人四处调查杀人犯，一面暗中注意那些恶霸们的动静。不久，有人悄悄来报告说，开封城里的一个恶霸抢了个民女，还把姑娘的父亲打成重伤致死。这个恶霸仗着有亲戚在朝廷里做大官，一向就为非作歹，无法无天，连执法如山的包拯，他都不放在眼里。包拯早就想找个机会杀杀他的威风了。

可是，这次包拯没有急着动手，而是先派人在这个恶霸的门上贴了张告示，警告他尽快把民女交还，并且自己到官府去认罪，否则就要他的命。落款写的是"无名大侠"。恶霸仗着自己有成群的打手和凶奴，拒不交还民女，还扬言说要等"无名大侠"自己来送死。包拯一看他中了计，就派人把恶霸的狂言传播出去。然后，他带了几个心腹的手下人埋伏在这个恶霸家的周围。一连等了好几夜，终于把那位"无名大侠"等来了。"无名大侠"也马上就发现了包拯他们，他在前面飞跑，包拯等人在后面追，一直追到城外的树林里。无名大侠站住，抽出剑来，对包拯说："难道包大人一定要阻拦我除暴安良吗？"

包拯回答说："义士的所作所为都是为民除害的好事，然而包拯身为开封知府，总要把事情调查个水落石出才行，能否请义士把事情的前后经过讲给我听听呢？"

无名大侠见包拯毫无恶意，便将那几个恶霸的罪行和除掉他们的经过叙述了一遍。然后，他请包拯让路，让他再去杀了那个强抢民女的恶霸。

包拯拦住他说："铲除恶霸，为百姓伸冤，这是我的职责。如果义士信得过我，就请将这件事交给我办。如果我说了不做，到时候义士不仅可以杀那恶霸，就是我也任凭你随意处置！"

无名大侠想了想，说："那好吧，一言为定。如果包大人不讲信用，欺骗了小民，可别怪我对大人无礼！"

包拯笑着说："今后我若有哪件事做得对不起百姓，义士随时可以取我的人头。不过，我也有一件事要义士答应，日后如果再有恶霸害人的事情，请义士不要擅自杀人，我自会以国法治他的罪。"

无名大侠也爽快地答道:"只要大人能够秉公执法,我决不再杀人。若有违背,我会以一死来向大人谢罪!"两人击掌为誓,各自离开。

不久后,包拯果然将那个恶霸逮到公堂审问。恶霸在朝廷里做官的亲戚们都来求情,有的甚至直接威胁包拯,但都无济于事,恶霸最终被定了死罪。此后,包拯还铁面无私地处置了许多豪强恶霸。每当他遇到困难时,总是想起那次和无名大侠所定的誓约,提醒自己不能辜负义士的期望。那位无名侠客也没有违背前约,从此销声匿迹,没有再杀过人。

三年后的一天早晨,包拯刚刚起来,就见有一封书信用短刀插在自己的书桌上。他急忙展开一看,信中的大意是:"包大人,我守约三年,未杀一人。昨日偶遇一伙歹人拦路劫杀良民,而且不听劝阻。我一时激愤,杀死四个歹人,留下一个活口,绑在大人房后树上。我已违反前约,只好以一死向大人谢罪。请大人明日到城外城隍庙中查验我的尸首。"

包拯刚刚读完,就有人来报告,称房后树上捆着一个被打断双腿的人;离城40里的官道上还发现四具尸体。包拯马上吩咐手下分头审人、验尸,自己则骑着快马赶到城外的城隍庙,果然看到那位无名大侠已吊死在房梁上。

包拯深受感动,他对跟来的手下人感叹道:"这真是位古来少有的大义士啊!自己身怀绝技,替天行道,以除暴安良为己任;而且诚实地对待自己许过的诺言,言必行,行必果,视生死如鸿毛,守大义如泰山,真可谓惊天地、泣鬼神!可惜他就这样命归黄泉了。"

此后,包拯更是时时以那位无名侠客的高尚情操激励自己,一生严明执法,为民除害,从未忘记过自己所发的誓言。

## □心灵物语

那位无名侠客不惜以生命为代价,来信守自己的诺言。他的行为不仅表现了他个人的高尚情操,同时也代表了人民群众对为官者的期望。而包拯则实践了自己为官清廉公正的誓言,他无愧于手中的权力,成为今天所有为官者的楷模。

■ 史海钩沉

## 包拯拒收端州名砚

包拯曾在端州（今广东省肇庆市）做过知州。端州当地出产一种名砚，是朝廷钦定的贡品，与湖笔、徽墨、宣纸一道被并称为"文房四宝"中的绝品。以前在端州任职的知州，总要在上贡朝廷的端砚数目之外再多加几倍，作为贿赂京官的本钱。包拯上任后，一改端州以往的陋习，不多收一块名砚。离任时，就连他平时在公堂上用过的端砚，也都造册上交了。

后来，包拯升任，离开了端州，他的船在羚羊峡口遇到了一阵奇怪的风雨，他只好亲自下舱检查，结果发现船舱里私藏着一块端砚。原来，这是当地的百姓悄悄送给他的。包拯见状一言不发，将那块名贵的端砚丢入江心。后来民间有传说称，羚羊峡口处有一个名为"墨砚沙"的沙洲，就是当年包拯投掷端砚的遗迹。

■ 文苑荟萃

## 《包拯集》

《包拯集》又名《包孝肃公奏议》，收录在《四库全书》之中，是研究包拯和宋代历史的重要文献。900多年来，历朝历代都有《包拯集》的翻刻本出版问世，深受后世研究者喜爱和重视。然而，《包拯集》并非包拯生前亲自编撰的，而是死后后人为了纪念他，搜集整理后加以印行的。

《包拯集》几乎囊括了包拯一生中所有的奏折、陈表和各种各样的建议、意见，全面而系统地呈现了包拯的政治主张和阅世态度，尤其是他关于反对增加农民负担和精兵简政的建议，就是在今天看来，仍然具有较高的史料价值。

# 范仲淹守信舍命保遗物

范仲淹（989—1052年），字希文，原名朱说。北宋政治家、文学家、军事家，谥号"文正"。祖籍陕西邠州，生于苏州吴县（今江苏省苏州市）。真宗大中祥符八年（1015年）进士，恢复范姓，后官至参知政事（副宰相）。

范仲淹幼年丧父，生活贫苦，他却刻苦读书，少有大志。由于出身贫寒，他每日只能靠喝粥度日，但功课非常出色，所以深得书院李先生的赏识。这位李先生是一位知识渊博、精通阴阳五行的术士。他长期研究炼金术，劳累过度，最终吐血而死。临死之前，他交给范仲淹一个包裹，包口用火漆封得严严实实，还加盖了印章，托付说："这里面有一张祖传的炼金秘方，我托你代为保管，等日后你见到我儿子时一定要交给他。"范仲淹郑重地答应了。

范仲淹料理完李先生的后事后，就进京赶考了。一路上，他并没有注意到一个戴斗笠的跛脚人总是尾随着他。当他走到荒无人烟的郊外时，这个跛脚人突然手持大刀逼着范仲淹交出那张炼金秘方。范仲淹假装糊涂，应付跛脚人。跛脚人大笑说："我亲眼看到先生将一包白金和祖传炼金秘方交给你！"边说边摘下斗笠，范仲淹这才发现他竟是自己的同窗。

原来，那天跛脚人在门外时，正好偷听到了先生的临终遗言。范仲淹见状，趁跛脚人不注意，拔腿就跑，跛脚人紧追不舍。最后，范仲淹

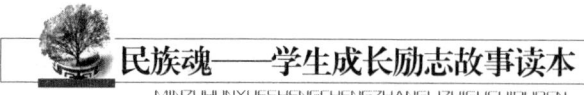
被逼到了悬崖边，眼看就要被跛脚人抓住了，范仲淹毅然跳崖。也许是命不该绝，范仲淹恰好被挂在了悬崖峭壁边的一棵大树上，幸免于难，当时他手里还紧紧地攥着那只包裹……

大难不死的范仲淹辗转来到京城。一天，他目睹了得宠的宫廷宦官李太监欺压百姓，非常气愤，说了几句公道话，不料却遭到了毒打，差点儿送命。幸好被一名王大人遇见，讨个人情，将他救了下来。王大人见范仲淹伤势严重，就把他带回家中疗伤。两人一见如故，很快便成了"忘年之交"。一次在闲谈中，范仲淹惊奇地发现，王大人原来竟是已故先生的同乡，而且还是情谊甚笃的儿时好友。有了这一层渊源，范仲淹就把先生所托之事告诉了王大人。

京试发榜后，范仲淹高中进士，王大人设宴为他庆功。而此时，跛脚人已经投靠了李太监，并成了李太监的心腹。跛脚人将炼金秘方一事告诉了李太监，并说起范仲淹。李太监恍然大悟，立即直奔王大人府上。李太监一见范仲淹，发现他竟然是自己曾经毒打过的那个人，非常尴尬，也就少了客套，开门见山地说："把炼金秘方拿给我吧，保你一辈子有享不尽的荣华富贵。"谁知范仲淹却一口回绝，说："我并不知道什么炼金秘方，只有一个包裹，那是受先师之托，替他的孤儿保存的。"李太监无计可施，愤然离去。

李太监无功而返，怒不可遏。这时，跛脚人献出了一条计策：明的不行，就来暗的。深夜，一个黑影溜进了范仲淹的房间，偷走了包裹。拿到包裹的李太监欣喜若狂，不料跛脚人却抽出一把匕首，直刺李太监的胸膛……可是跛脚人打开包裹一看，里面装的竟然是一团破布！他一下怔住了。就在这时，侍卫们闻声冲了进来，捉住了跛脚人。原来，范仲淹早就料到李太监会出此下策，所以提前把包裹里的东西调换了。

几天后，一个自称是李先生儿子的少年来到府上投靠王大人。范仲淹喜出望外——先师的遗愿终于可以实现了。范仲淹就和少年讲述了先师临终前的情景，谁知那少年听后立即追问：家父有没有留下什么东西？王大人随即让范仲淹转交遗物。范仲淹迟疑了一下，取出包裹交给了那少年。

当夜，少年悄悄来到书房，将包裹交给王大人。王大人得意忘形地大笑："我终于如愿以偿了！李太监只知蛮干，最后自取灭亡；我巧用计谋，神不知鬼不觉地就将秘方拿到手，范仲淹那小子还蒙在鼓里呐！"话音刚落，门"砰"地被踢开了，范仲淹出现在门口，怒斥道："真想不到你连好友托给孤儿之物也要豪夺！"不料，王大人却哈哈大笑起来。原来，同乡、好友、李先生的儿子……这一切全都是他精心策划、瞎编乱造的。范仲淹这才明白：自始至终都中了王大人的圈套了！

然而，除了愤怒，范仲淹还有一丝庆幸……因为王大人打开包裹一看，里面却是一些杂物。范仲淹也哈哈大笑起来，说："你的计划确实天衣无缝，只可惜你求物心切，最后一步棋下得太仓促了！但凡人子者，听说家父去世，都会嚎啕大哭；可这位自称恩师儿子的少年闻之却毫无表情，反而立即追问有无遗物，这怎么不让我起疑心！"王大人颓然瘫倒在地。

三年以后，范仲淹信守诺言，历经艰辛，终于找到了先师的儿子，将自己珍藏的包裹亲自交给他。那包裹上面，当年的火漆和印章纹丝未动。

## □心灵物语

世态炎凉、人心险恶，范仲淹用他的智慧和诚信展现了一个正人君子所具备的高贵品质。

## □史海钩沉

### 《岳阳楼记》的由来

宋仁宗时期，官僚队伍庞大，行政效率低下，人民生活困苦，辽和西夏也时刻都在威胁着北宋的北方和西北的边疆。庆历三年（1043年），范仲淹等人在宋仁宗的支持下，实行了新政改革。

然而，新政触犯了贵族官僚的利益，因而也遭到他们的阻挠。庆历五年初，范仲淹、韩琦、富弼、欧阳修等人相继被排斥出朝廷，各项改革也

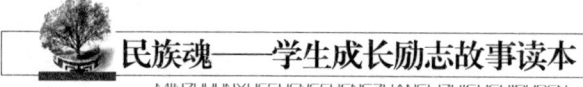

被废止。

庆历新政失败后，范仲淹被贬居邓州。昔日好友滕子京从湖南来信，要他为重新修竣的岳阳楼作记，并附上了一幅《洞庭晚秋图》。范仲淹一口答应。

庆历六年六月（即1046年6月），范仲淹在邓州的花洲书院里挥毫撰写了著名的《岳阳楼记》，表现出他虽身居江湖，却仍心忧国事，虽遭迫害，却仍不放弃理想的顽强意志，同时，也是对被贬战友的鼓励和安慰。

《岳阳楼记》也是范仲淹流传千古的名作。文章提出正直的士大夫应立身行一的准则，认为个人的荣辱升迁应置之度外，应"不以物喜，不以己悲"，要"先天下之忧而忧，后天下之乐而乐"。全文将写景、抒情、议论融为一体，动静相生，明暗相衬，文辞简约，音节和谐，用排偶章法作景物对比，成为杂记中的创新。

■文苑荟萃

### 范公堤

范公堤也称范堤，为北宋的范仲淹所筑。古人登范公堤东望，堤外有烟墩（烽火墩）70余座，远近相接，如有兵变匪警，即在墩上点火报警；还有潮墩（救命墩）103座。涨潮时，赶海人可爬上潮墩避难。烟墩、潮墩星罗棋布，海雾飘忽，茫茫苍苍，别是一番风光。清人高岑题《范堤烟雨》诗曰：

拾青闲步兴从容，清景无涯忆范公。

柳眼凝烟眠晓日，桃腮含雨笑春风。

四围碧水空濛里，十里青芜杳霭中。

踏遍芳龄一回首，朝暾红过大堤东。

 **少年梁启超兑现诺言**

---

梁启超（1873—1929年），字卓如，号任公，又号饮冰室主人。近代资产阶级改良主义者，著名学者，中国近代史上著名的政治活动家、启蒙思想家、资产阶级宣传家、教育家、史学家和文学家。戊戌变法（百日维新）领袖之一。他曾倡导文体改良的"诗界革命"和"小说界革命"。其著作合编为《饮冰室合集》。

---

1884年，12岁的梁启超第二次离开自己的家乡——熊子乡，坐船前往广州参加学院考试。到了广州后，他租了一间公寓，认真读书、学习。考试时，他对答如流，中了秀才。主考官是广东学政叶大缂。他看到学子们的成绩很好，心中十分高兴，特地接见了被录取的学子。被接见后，学子们一个个都走了，只剩下年少的梁启超没有动。叶大缂感到奇怪，问他为什么不走。梁启超很有礼貌地说："叶大人，学生有件事恳求您帮忙。"

小小的学子，竟敢在三品大员学政面前提出要求，叶大缂先是吃了一惊，然后笑着说："你有什么请求，说来听听。"他的态度和蔼可亲。

梁启超听后，十分激动，说："学生临来考试时，对祖父许下了诺言。如果我这次考试被录取，就请求主考大人给祖父写一幅诞辰寿言。"

"你为什么要这样做呢？"主考官想弄清梁启超的想法。梁启超深情地说："我的祖父虽然一生没有中举，但他用毕生的精力辛勤地培养我。我今天能够考上，全是祖父培育之恩。今年，祖父刚好70大寿，作为孙子，我应该感谢他，最好的礼物就是写一条寿言，既肯定他的一生，又表扬他的精神。我想来想去，觉得只有学政大人写的寿言才能满足这两个意思。如果您能写一赠言给他，这将是最大的安慰和礼物。因此，我冒昧地求大人帮忙。"

叶大绰听了梁启超的话，觉得他是个诚实的孩子，说的是真心话。他被梁启超的真诚感动了，于是欣然接受了梁启超的请求，挥笔为梁老先生写了寿言。

梁启超回到家乡，他的父母都很高兴，祖父接过寿言，更是笑得合不拢嘴。

父亲问梁启超是怎么想起让学政大人写寿言的，梁启超说："我临走时，祖父问我，这次考试有没有把握。我说，有把握。如果我考中了，就请主考官大人给您写一条寿言。考试后，我被录取了，我要兑现我的诺言。于是，我就如实地将我的想法告诉了学政大人。学政大人听了我的话后，真的答应了我的请求！"

祖父说："超儿很诚实，而学政大人喜欢诚实的孩子，因此学政大人才写下了如此有意义的寿言，这正是'心诚则灵'嘛！"

## ■心灵物语

梁启超自幼诚实守信，长大后更是为中国的富强作出了巨大的贡献，他的这种诚信、孝顺的品质是我们广大青少年所应该学习的！

## ■史海钩沉

### 百日维新

1898年（阴历戊戌年），维新派在清光绪帝的支持下推行了一系列的革新运动，史称戊戌变法。由于该变革仅进行了103天，故而又被称为百日维新。

中日甲午战争（1894—1895年）后，中国的民族危机日益严重。维新派康有为、梁启超、谭嗣同等人，希望能按照西方国家的模式推行政治、经济改革，争取国家富强。为此，维新派在各地组织学会，创办报刊，设立学堂，宣传变法主张，受到了当地少数官僚的赞助。

　　在康有为等人的努力下，光绪帝接受了维新派的改革方案，于1898年6月11日颁布了"明定国是诏"，宣布变法维新。在103天里，光绪帝共颁布了数十条维新诏令，因而被称为百日维新。新政的主要内容为倡办新式企业、奖励发明创造；设铁路、矿务总局，修筑铁路开采矿产；废除八股，改试策论，开设学校，提倡西学；裁汰冗员，削减旧军，重练海陆军。这一切都只是万言书中的一部分，然而其实质却是光绪皇帝欲推翻慈禧太后，稳定自己政权，所以万言书中的大部分内容并没有执行。

　　9月21日，慈禧太后发动政变，囚禁了光绪帝，并逮捕维新派代表。康有为、梁启超逃亡国外，谭嗣同、康广仁、林旭、刘光第、杨锐、杨深秀等"六君子"被杀害。谭嗣同还发表了"为革命流血请从谭嗣同开始"的言论。除了开设西方学校以外，其他新政都遭到废除，这也标志着戊戌变法的彻底失败。

## □文苑荟萃

## 《万国公报》

　　1868年9月5日，林乐知等传教士在上海创办了《万国公报》。

　　《万国公报》是在中国发行最久、影响较大的一份杂志，当时的人称其为"西学新知之总荟"。在当时，知识分子如果想要了解西方的知识学问，就一定要看《万国公报》。1896年百日维新前后，《万国公报》的发行量曾高达3.84万份，1903年发行量更是高达5.4万多份，成为当时中国发行量最大的刊物。

　　由于《万国公报》广泛地介绍西方，故而受到维新人士和地方要员的重视。从李鸿章、张之洞这些重要的政府官员到日本天皇，都长期订阅这份杂志。孙中山先生所写的"致李鸿章书""上李鸿章书"等，也都曾在《万国公报》上发表。林语堂先生也称，透过《万国公报》，林乐知成为他生命中影响最大、决定命运的人物。光绪皇帝还曾购回广学会出版的89种书籍和全套的《万国公报》。1876年，清政府为表彰林乐知创办《万国公报》的贡献，特授予他五品顶戴官衔。1899年，《万国公报》还是最早将马克思以及他的《资本论》介绍到中国来的刊物。

# 奢香为民族大义守信

奢香(1328—1396年)，四川永宁宣抚司(今四川省叙永县)人，永宁宣抚司奢氏之女，黔西"黔部"第六十六世土官霭翠之妻，彝族人。她履行诺言，在促进民族团结方面，作出了卓越的贡献。

明洪武八年(1375年)，奢香嫁给贵州宣慰使霭翠为妻。洪武十四年(1381年)，霭翠去世，奢香因其子年幼，代袭贵州宣慰使职务。

当时担任贵州都督的朝廷命官马煜，出于大汉族主义的偏见，残酷地压迫剥削当地少数民族，驱使土官兵民去开筑普定"驿传"，他一向以"杀戮"少数民族的高压手段来达到"慑罗夷"(即压服彝族人民)的目的，因而严重激化了民族矛盾，引起广大彝族人民的不满，而骂他为"活阎王"。霭翠去世后，他更加骄纵横蛮，根本不把奢香孤儿寡妇放在眼里，为了寻找出兵镇压少数民族的借口，居然采取"欲辱香，激诸罗怒，俟其反而后加之兵"，"欲尽灭诸罗酋，代以流官"的阴谋诡计。他把奢香传来，"叱壮士裸香而笞其背"。于是，彝族"四十八部诸罗，咸集香军门，戛颖愿效死力助香反"(《大定县志·水西安氏本末》)。一场轰轰烈烈的武装起义即将爆发。

当此千钧一发之际，贵州宣慰同知宋钦妻刘淑贞认为不可动用干

戈。她一方面劝告奢香暂不发兵，一方面偕其子上京师控告马煜的罪恶阴谋，并建议皇帝召见奢香，亲自处理这个案件。明太祖朱元璋欣然采纳了她的意见。

洪武十六年（1383年），奢香率土酋15人随刘淑贞到金陵（今南京），面见明太祖，揭发了马煜"激变诸罗欲反状"。朱元璋召回马煜，历数其罪，并处以死刑。同时，为奢香平反，赐奢香以锦衣、珠翠、如意冠、金环、袭衣等物。奢香为了报答洪武皇帝的恩情，答应回贵州后一定很好地向彝族人民解释，世世代代搞好民族团结，并愿修建从四川到贵州的交通路线，以加强贵州同内地的政治、经济、文化联系。

奢香回贵州后，忠实地履行了自己的诺言，首先把彝族首领和人民安定下来。接着，以偏桥（今施秉县）为中心，开筑了两条驿道：一条向西，经水东（今贵阳市东北部），过乌撒（今威宁），到乌蒙（今云南昭通）；一条向北，经草塘（今瓮安县东北草塘区），到容山（今湄潭县），全程400余里；并建立龙场等九驿于水西境内，自龙场驿（今修文县）至陆广驿（今修文县陆广区）约50里，再至谷里驿（今黔西县谷里区）约80里，再至四水驿（今黔西县城侧）约60里，再至奢香驿（今大方县西溪地区）约50里，再至金鸡驿（今大方县里归化区）约50里，再至阁鸦驿（今大方县阁鸦地区）约50里，再至归化驿（今大方县归化地区）约30里，再至毕节驿（今毕节县城）约30里，这条官驿大道纵横贵州，连接川、滇、湘三省，为加强贵州同中原地区的密切联系，逐步改变云、贵少数民族地区的闭塞状态，发展当地的政治、经济、文化，起了很大的作用。

洪武二十九年（1396年）奢香卒。朝廷遣专使祭之，诰封奢香为"大明顺德夫人"。

清道光十三年（1833年），经其后裔安淦辛禀请，大定知府王绪昆批准，立碑于墓前，镌批文赞扬她"义笃忠贞，志坚金石，名垂竹帛，……实千古伟人"。

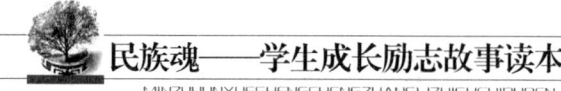

1964年，贵州省人民政府正式把奢香的坟墓、墓碑及祠庙列为省级重点文物保护单位。

## ■心灵物语

奢香忍辱负重，为了民族大义而信守诺言，为民族的团结作出了极大的贡献！

## ■史海钩沉

### 奢香促进国家统一

洪武十六年（1383年），明王朝派驻贵州的封疆大吏——都指挥使马煜，执大汉族主义偏见，视奢香为"鬼方蛮女"，对其摄贵州宣慰使职政绩卓著而忌恨不满。马煜好大贪功，企图以打击彝族各部头领为突破口，一举消灭贵州少数民族的地方势力，"代以流官""郡县其地"，达到邀功朝廷、专横贵州的目的。由于当时水西奢香的力量最强，因此马煜就将矛头直接对准奢香。马煜为此还作了充分的武装准备，等待时机。

当时，有人恶意污蔑奢香，马煜抓住机会，遂将奢香抓到贵阳，用彝族最忌讳的侮辱人格的手段"叱壮士裸香衣而笞其背"，以此来激怒奢香，扩大事态，就可以趁机出兵，大动干戈。奢香无辜受到辱挞，自然极其愤怒，折断所佩革带，与宣慰同知刘淑贞"走诉京师"。朱元璋获悉后，召回马煜，以"开边衅，擅辱命妇"之罪将其下狱，然后又赏赐奢香金银和丝织品等物"遣之归"，"命所过有司，皆陈兵耀之"。

临别之时，马皇后又在御花园设宴款待奢香，郑重地为其饯别。在同马煜的较量中，奢香"居然巾帼丈夫雄"，终于兵不血刃，洗雪挞辱，金殿胜诉，扬眉吐气。她的胜利，客观上也起到了反对分裂、消弭战乱、维护民族团结和国家统一的进步作用。

□文苑荟萃

## 奢香墓

　　奢香墓位于今贵州省黔西部大方县城北面云龙山下、乌龙坡头的洗马塘畔。墓葬曾几度毁坏重修。清康熙初年，平西王吴三桂率兵"平南蛮""剿水西"时，奢香墓及附属设施都被毁于兵燹。清道光十三年（1833年），奢香后裔安淦辛呈文大定府，请予修葺，后由大定知府与黔西知州主持，进行了部分维修。1949年时，奢香墓只剩清代的石墓和罩碑残存于迷离的荒草之中了。1964年，贵州省人民政府将奢香墓列为省级文物保护单位。1979年，又对奢香墓进行了初步的修复。1985年正式重建。1988年，国务院批准宣布奢香墓为全国重点文物保护单位。

　　今存的奢香墓为石围土封，圆形，墓高为4.5米，直径为6米，圆周长为18.84米，采用须弥座式，分九盘围石安砌。墓裙有龙虎高浮雕石9块，饰以彝族的图案花纹。墓碑高3.6米，宽1.45米，下面以彝、汉文刻有"明顺德夫人摄贵州宣慰使奢香墓"14个大字；背面刻《奢香夫人赞》五言长诗，共248字。墓前依地形筑平台两道，左右各有两级立柱花板刻石栏杆，分别由58柱嵌54板组成。立柱为虎头（彝族图腾）圆雕，花板以动植物图纹装饰。墓地的四周以仿古马头形墙圈保护，中建水池亭榭、石栏小桥、花圃草坪。整个墓园占地面积约2万平方米。

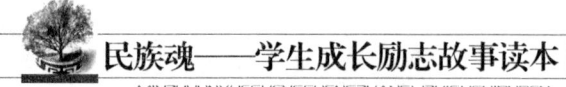

#  林基路守信践诺

林基路（1916—1943年），原名林为梁，广东台山人。1933年在上海求学期间加入了中国共产主义青年团。1934年春，经团组织同意，他去日本留学。1935年加入中国共产党，并担任中共东京支部书记。1937年七七事变之后，林基路毅然回国参加抗日战争。1937年10月初到达延安，进入中央党校第十二班学习。1938年2月，林基路受党派遣到新疆工作，先后任新疆学院教务长、阿克苏专区教育局局长、库车县县长、乌什县县长等职。

1940年，林基路任新疆库车县县长，为当地人民办了许多好事，被当地人民誉为"说到做到、关心人民疾苦"的好县长。

一天，库车县城外，一位白胡子老爹牵着一头奶牛，忧心忡忡地往县城走。半路上，他突然碰见了"米拉甫"（官府负责分配田地用水的人），真是冤家路窄，老爹的儿子就是被这个"米拉甫"陷害入狱的。"你欠水款不缴，还有钱买奶牛！好吧，就用这头奶牛顶水款。"此人说着便和政务警察、包税掌柜强行作价，然后"米拉甫"一把推倒老爹，把奶牛抢走了。

老爹从地上爬起来，只觉得天旋地转。正在这时，有人扶住了他。他睁开眼一看，是一位穿旧灰制服的汉族青年，旁边还站着一位中年先生。"老爹，你怎么啦？"汉族青年关切地问。于是老爹把儿子被害入狱和刚才发生的事述说了一遍。他要找林县长告状，救出他儿子。

"这就是林县长。"旁边那位中年先生插嘴说。原来，面前这位穿旧灰制服、态度和蔼的青年人，就是他要找的林县长。"林县长，我求求你呀……"老爹悲痛欲绝地哭着。"老大爷，别难过。"林基路安慰老人一番，接着便询问老爹儿子的名字，又问了那个"米拉甫"、警察、包税掌柜的名字，便与老人告别了。

白胡子老爹心里七上八下地回到了家里。他不知道林县长是否真能为他申冤。"唉，反正没办法，等着吧。"老人想。

可是，他万万没有想到，还没到吃晚饭的时候，他的儿子就回来了，手里还牵着被"米拉甫"抢走的奶牛。儿子告诉他，是林县长把他从牢房里迎出来，又派县里职员从"米拉甫"手里夺回了奶牛……老爹望着儿子，激动得说不出话来，只是在心里念叨着："林县长啊林县长，你说话算数，真是咱维吾尔人的贴心人呀！"

事过不久，县府下了命令：革除现有区、乡、街长和管水的"米拉甫"，另由老百姓重新选举清廉的人担任；革除作恶多端的政务警察，仅留二十几人以维持社会治安；革除包税制和其他苛捐杂税，由县府统一掌管税务。革除三霸，库车人民心里乐开了花。林基路说到做到，关心人民疾苦的事迹在千家万户中广为流传。

1942年，盛世才阴谋制造共产党"四一二"暴动案，将林基路逮捕。在狱中，面对敌人的威逼利诱和严刑拷打，他坚强不屈，用香火写下了《囚徒歌》，表达了对敌人的痛恨和对革命的坚定信心。1943年9月他被杀害，时年27岁。新中国成立后，骨灰安置在乌鲁木齐烈士陵园，并建立了"林基路烈士纪念馆"。

**心灵物语**

林基路说到做到、守信践诺的品质和对待老百姓的仁爱之心正是我们应该学习的品质！

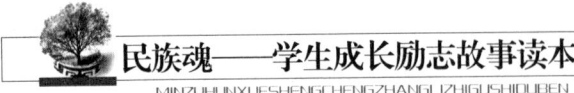

民族魂——学生成长励志故事读本

MINZUHUNXUESHENGCHENGZHANGLIZHIGUSHIDUBEN

■史海钩沉

## 林基路入狱

1942年9月，反动军阀盛世才将大批在新疆工作的中共党员逮捕入狱，其中就包括林基路。敌人对林基路等共产党员进行了严刑拷打，林基路等人坚贞不屈，在狱中建立党的秘密组织，继续同敌人进行坚决的斗争，表现出了共产党员的钢铁意志和崇高气节。林基路在著名的《囚徒歌》中热切地表达了对革命的忠贞和坚定的信念："坚定信念，贞守立场！掷我们的头颅，奠筑自由的金字塔；洒我们的鲜血，染成红旗，万载飘扬！"

■文苑荟萃

## 林基路纪念馆

在新疆维吾尔自治区的库车市老城西北隅，坐落着著名的林基路烈士纪念馆。

在库车老城最具伊斯兰风情的千年古城的门口，有一座同样古老的大桥。大桥飞檐拱顶的门檐上，有四个苍劲的大字——龟兹古渡，颇有壮士扛鼎的宏伟气势。

1975年，林基路烈士纪念馆开始修建，这也是库车为了怀念造福于库车的林基路烈士所修建的。整个纪念馆由烈士事迹陈列室、会议室、卧室、八角亭、园林花圃等建筑组成，占地37.74亩。纪念馆内共陈列有珍贵照片50多张，绘画25幅，文稿手迹等30多件。整个陈列室的面积约为200平方米，西北侧为林基路生前的卧室和办公室，陈列着林基路烈士生前使用的卧具和办公用具等物品。

# 第二篇

# 用人不疑 成就大业

# 宋弘守信于人自守信

> 宋弘（？—40年），字仲子，京兆长安（今陕西西安）人。东汉大臣，少
> 温顺，事王莽。赤眉入长安时以佯死得免。光武即位，拜为太中大夫，以清行
> 称。后荐桓谭等，光武爱桓谭琴技，宋弘面责其不能忠正奉国。向光武多进规
> 谏。湖阳公主寡，欲嫁宋弘，弘辞以糟糠之妻不下堂。

汉光武帝时，宋弘被提拔为负责监察、执法的中央高级长官。宋弘为官清正，尤其以诚实守信著称于世。

有一次，宋弘和沛国（今安徽濉溪县西北）人桓谭交谈，见桓谭精通五经而不拘泥，批评俗儒而不乏真知灼见，很是敬佩，便推荐他当参政议政的议郎。在桓谭前去上任时，宋弘语重心长地嘱咐桓谭说："你可要知道，我举荐你，是想让你以正直之道辅佐君主，做惊天动地的大事；而不是叫你去做那些只博得君主欢心的小事。你可千万不要忘记啊！"桓谭点头答应，并重复了宋弘的嘱咐。

光武帝听说桓谭擅长鼓琴，就让他弹琴，一而再，再而三。宋弘听说后，非常生气，派人把桓谭叫来。桓谭进屋，宋弘不给他让座，责备他说："守信是人的重要品德。你曾亲口答应我，要以正直之道辅佐君主，做惊天动地的大事，可你竟然为讨好君主天天弹琴，耽误时光，空耗才华。你说是你自己改过，还是让我根据律法检举处罚你呢？"桓谭认错说："虽是圣上让我弹琴，但非故意，是因为不敢向圣上奏明自己

的职责，才造成失信的！"宋弘便让他走了。

　　后来，光武帝大会群臣，叫桓谭弹琴。桓谭立时想起宋弘的话来，禁不住失了常态。光武帝觉得奇怪，便问是怎么回事。宋弘离开座位，摘掉官帽说："我向圣上推荐桓谭时，已经奏明了目的，就是希望他能以正直之道辅佐君主；而他呢，却叫您喜爱上了凡俗的音乐。他没有兑现辅佐的诺言，您没有履行用人的诺言，失信之过根源在我！我理应受到削职惩罚！"光武帝听了恍然大悟，由奇怪变为惭愧，由生气变为高兴，立时向宋弘表达了歉意，说："爱卿差矣，失信之过在我一人身上，与你们无关。"这件事使桓谭很受教育，后来他坚决反对荒谬虚伪的谶纬神学，几次差点儿被杀，都坚持不悔。

　　宋弘不仅严格要求别人，而且对自己更苛刻，总是时刻约束自己要言行一致。有一次，光武帝关心姐姐湖阳公主的婚事，细微地观察到她对宋弘有意。他就先让湖阳公主坐在屏风后面，召见了宋弘，试探道："俗话说'地位高了换朋友，钱财多了换妻子'，这是合乎人情的吧！"宋弘说："不过我听说的是'贫穷时候的朋友不能忘，一块度过贫苦生活的妻子决不能休弃'。"光武帝回过头来，对着屏风说："事情不成喽！"

　　了解宋弘的人都说："宋弘确实是一个诚实守信的人啊！"

### ■心灵物语

　　宋弘用高洁的道德品质影响教育着身边的人，他的所做所为堪称一个真正的君子。

### ■史海钩沉

#### 赤壁之战

　　汉建安十三年（208年），孙权与刘备两军联合，在长江的赤壁（今湖北赤壁市西北的赤壁山，一说在今湖北武昌县西赤矶山）一带，大败曹操

军队，史称"赤壁之战"。

曹操打败袁绍后，基本统一了北方，于是在建安十三年七月自宛（今河南南阳）挥师南下，想要先灭刘表，再顺长江东进，击败孙权，以达到统一天下的目的。九月，曹操的军队占领了新野（今属河南），当时刘表已死，其子刘琮则不战而降。而依附刘表屯兵樊城（今属湖北）的刘备，只好仓促率军民南撤。曹操收编了刘表的部众，号称80万大军向长江推进。刘备在长坂（今湖北当阳）被曹军大败后，在退军途中派诸葛亮赴柴桑（今江西九江西南）去会见孙权，说服孙权一起联盟抗曹。

孙权任命周瑜为主将，程普为副将，率三万精锐水军，联合在樊口（今湖北鄂州）的刘备军，共约五万人溯长江西进，迎击曹军。十一月，孙刘联军与曹军对峙于赤壁。曹操将战船首尾相连，结为一体，以利演练水军，伺机攻战。周瑜采纳部将黄盖所献火攻计，并令其致书曹操诈降，曹操中计。黄盖择时率艨艟斗舰乘风驶入曹军水寨纵火。曹军船阵被烧，火势延及岸上营寨，孙刘联军乘势出击，曹军死伤过半，只好率部北退，留下征南将军曹仁固守江陵。孙刘联军乘胜扩张战果，分别占领了荆州要地。

赤壁之战，曹操在各方条件都有利的形势下，因为轻敌自负，错误指挥，最终战败。而孙权、刘备在强敌进逼的关头，结盟抗战，巧用火攻，最终以弱胜强。这一战役也为日后魏、蜀、吴三国鼎立奠定了基础。

## ■文苑荟萃

### 《说文解字》

《说文解字》简称《说文》，为东汉经学家、文字学家许慎所著。该著作成书于汉和帝永元十二年（100年）到安帝建光元年（121年），是我国第一部按部首编排的字典。

 # 祁奚荐人不避亲仇

> 祁奚（公元前620—前545年），姬姓，祁氏，名奚，字黄羊。春秋时期晋国人（今山西祁县人），因食邑于祁（今祁县），遂为祁氏。周简王十四年（公元前572年），晋悼公即位，祁奚被任为中军尉。

祁奚是春秋中叶晋国大夫，素来以"内举不辟亲，外举不辟仇"、为国家举荐贤臣良仕而名传青史。

祁奚所处的时代，正是周天子一代不如一代，无力统驭天下，大权旁落的时代，也是"春秋无义战"，大国争霸，强者为伯，挟天子以令诸侯的时代，更是晋文公称霸中原后，其子孙后代政治上无所建树，朝政日趋腐败，晋国面临危机日重的时代。恰好在这个时候，荒淫无度的晋厉公死于非命，晋悼公临位。晋悼公立志要重新复兴文公的霸业，重振晋国的国威。因此，他重整吏治，调整百官，任贤用能。以贤良称著、无私饮誉的祁奚，被推任为中军尉，以羊舌职为其辅佐。三年之后，年逾半百的祁奚觉得自己年老力衰，精力不济，唯恐有负国家的希望，阻塞贤才仕途，便以年迈告老，请求悼公另选良臣。

悼公见他辞恳言切，便准许他告老还乡，并请他推荐继任者。于是，祁奚举荐了解狐。当时，人们都知道解狐与祁奚有私仇，因此悼公问祁奚："解狐不是与你有仇吗？"祁奚答道："公是问我谁可以胜任此

职，又没有问他与我有仇否！"然而，解狐尚未到职，便一命呜呼。悼公请祁奚再行举荐，祁奚推荐了自己的儿子祁午。悼公又问："祁午不是你的儿子吗？"祁奚坦然回答："公让我推荐的是适合此职之人，又没有问他是否为我的儿子！"没过多长时间，任中军尉辅佐之职的羊舌职死了。悼公又请祁奚举荐合适人选，祁奚举荐了羊舌职的儿子羊舌赤。悼公对祁奚所荐之人，统统予以录用。于是，祁午为中军尉，羊舌赤为中军佐。

这件事发生以后，有人对悼公说："择臣莫若君，择子莫若父。祁午自幼好学而不戏，守业而不淫；成年后，和安而好敬。每临大事，镇定自若，非义不举。他父亲举荐他是对的。"鲁国的孔子得知此事后，赞扬说："祁奚是个善于举荐贤良的能臣啊。他推举仇人，不是为取媚于天下；举荐儿子，不是因为偏爱己私；举荐辅佐，也不是结伙营党；完全是为国荐贤，唯才是举。"公元前557年，悼公去世，平公登基后，即擢祁奚为公族大夫。

平公六年（公元前552年），范匄为正卿主持国政，驱逐公族栾盈，杀羊舌虎（叔鱼），囚禁羊舌胕（叔向）。乐王鲋去监狱探望，见到羊舌胕，告诉他说："我要为你对平公说情，请他释放你。"羊舌胕拒绝说："这事必须请祁奚大夫！"羊舌氏的家臣问羊舌胕说："乐王鲋是晋侯的随臣，他愿为你向晋侯求情，肯定能够成功，为什么还一定要请祁奚？"羊舌胕说："乐王鲋从不敢违抗主公的意愿，他的意见晋侯不会采纳的。祁大夫外举不弃仇，内举不失亲，他不会独独遗弃我而不顾。"

果然，已经告老休息的祁奚，听说羊舌胕因弟罪被囚，立刻乘坐"专车"由祁直奔晋都拜见范匄说："《诗经》说：'赐给我们的恩惠没有边际，子子孙孙永远保持它。'《尚书》说：'智慧的人有谋略训诲，应当相信和保护。'羊舌胕长于谋划而少有过错，教诲别人而不知疲倦，他是国家的柱石，即便是他的十代子孙有过错，也还要赦免，以此来勉励有能力的人为国家效命。现在一旦因弟罪而得祸，便要被处死，难道不会使人困惑吗？鲧被流放而死，他的儿子禹却兴起；伊尹放逐太甲，后来又做了他的宰相，太甲始终没有怨恨他；管叔、蔡叔因叛乱而被杀，其兄周公却能辅佐成王，匡复天下。现今羊舌肸却要因其弟羊舌虎有罪而被囚被杀？你要做善事，谁敢不努力，多杀人干什么？"范匄听罢祁奚之言，面露喜色，送祁奚乘车而去，然后释放了被株连的羊舌肸。

出于公心的祁奚虽然拯救了羊舌肸，却并不与之相见，直奔家乡。羊舌肸获释后也没有告诉祁奚，以示感谢，而是直接去朝见晋侯。

## ■心灵物语

祁奚的所作所为鞭策教诲着每一个身负国事的后人，至今看来仍有积极意义。我们为古人树碑立传，绝不仅仅是一种文化行为，而是以史为镜，以正为本，不图虚名，不事浮华，有功不居，有过必改，成为一个踏实务实、德行兼具的人。

## ■史海钩沉

### 晋悼公复霸

晋厉公被杀后，晋国卿大夫之间的斗争也逐渐趋于缓和，因此在晋悼公统治时期，晋国的国势复振。

晋悼公在对付戎人方面采取了魏绛和戎的策略，也就是用财物去换取戎人的土地，以代替过去单纯的军事杀伐，以此抽出部分兵力来加强对中原的争霸活动。

公元前571年，晋军在虎牢（今河南汜水）的筑城逼近郑国。最终，郑国背离楚国而倒向于晋国。这时，晋、楚都在走向下坡，但相比之下，晋国略微占有优势，因此楚国不敢与其相抗。晋悼公能够复霸，原因也在于此。当然，晋国的霸业至此也已接近尾声。

## 《竹书纪年》

　　《竹书纪年》相传为战国时魏国的史官所作，主要记录了自夏商周至战国时期的一段历史。据《晋书·卷五十一》可知，《竹书纪年》的原书共有13篇。与传统的正史记载有所不同的是，《竹书纪年》为编年体史书，因而对研究先秦史具有较高的史料价值。此外，《竹书纪年》又与近年长沙马王堆汉初古墓所出古书相似，而《竹书纪年》中的诸多记载也与甲骨文、青铜铭文有着很大的相似性，由此可见它的史料价值。

# 魏文侯用人不疑

> 乐羊（生卒年不详），中山国人。战国时魏国魏文侯时期的大将。是乐毅的先祖。

　　魏文侯名斯，是公元前446至前397年在位的魏国君主，是一个很重信义的人。那时，魏国的邻国中山国有一个叫乐舒的人，经常率兵袭扰魏国的边境，魏文侯决定消灭他。但是委派谁带兵合适呢？

　　大臣翟璜推荐了一个人，名叫乐羊。他文武双全，很会用兵，翟璜说他一定能攻克中山国。魏文侯召见了乐羊，听乐羊作了一番敌我形势的分析以及我方应采用什么战略战术的谋划后，非常满意，就决定派乐羊统率大军开赴前线。

　　乐羊出兵以后，有一位臣子对文侯说："我觉得乐羊担不起这项大任，因为他是乐舒的父亲，哪有父亲真肯出力带兵打儿子的道理呢？"魏文侯说："我已经和翟璜商量过，翟璜说了乐羊是反对乐舒去扶助中山国的，我同乐羊谈话也证实了这一点，你不必怀疑。"

　　这时前方传来了消息：乐羊率魏军一连打了几个胜仗，势如破竹，长驱直入，已把中山国团团围住，只是乐羊围而不打。魏文侯听了捷报很高兴，同时又关切地问："为什么只围不打？"前方来的人说："因为乐舒出面恳求不要再打，乐羊一边责备他帮助中山侯行不义，一边同意暂时不打，但要乐舒劝中山国主出降。"

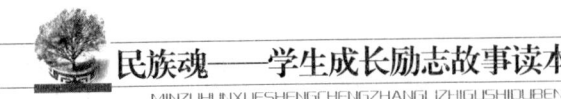
第二天，一本奏折呈交到魏文侯面前，请求魏文侯立即从前线召回乐羊，因为父子情深，乐羊能听乐舒劝说停止进军，也有可能再听乐舒劝说，反叛过去！魏文侯皱了皱眉头，把奏折推到一边，说："乐羊只围不打是对的。我军劳师远征，正好休整一番！"随后，他派人到前方去慰劳军旅。

前方又传来消息：中山国主不仅不投降，而且把乐舒捆起来，吊在城楼顶。魏文侯忙问："魏军进攻了没有？"来人说："乐羊下令继续围困中山都。"

第二天，又有一份奏折呈送到魏文侯案前，说："赶快撤换乐羊，这个统帅已经靠不住了，因为他不可能让儿子死于军前！"魏文侯又皱皱眉头，说："这种猜测毫无根据！"他又把奏折推到一边。

几日后，乐羊攻克中山都，即日将凯旋。魏文侯说："让我亲自到城外迎接吧！"当乐羊统率大军浩浩荡荡地回到魏都的时候，魏文侯摆下酒宴，为乐羊庆功。席间，他问乐羊："乐舒在哪呢？我想赦免他呢！"乐羊说："这个忤逆之子，城破之前已被中山国主处死了！"

这时，翟璜把进军过程中各种不利于乐羊的非议告诉他，嘱咐他立功后要谦虚谨慎。乐羊明白了，望着迎风飘扬的军旗，感慨地说："这次出征中山国的胜利，与其说是我乐羊军事上的成功，不如说是主上信任将领在道义上的胜利！"

## ▌心灵物语

俗话说，三人成虎，但是魏文侯并不听信谗言，相反，他对乐羊十分信任。魏文侯这种用人不疑的君主风度，正是许多君主所不具备的。

## ▌史海钩沉

### 李悝与《法经》

魏国时期，李悝是魏文侯、武侯时进行政治改革的重要人物之一。他曾经兼采各国文法而作《法经》,《法经》分为《盗》《贼》《囚》《捕》《杂》《具》六篇。其中,《盗》篇中规定大盗要戍边为守卒，重者则处以死刑。甚至道路拾遗也是有"盗心"的表现，犯者要受刖刑。可见,《法经》是采用严酷的手段来保护私有权的。《贼》指杀人、伤人。"杀人者诛"，其家属则没于官。李悝以为，在《法经》中,《盗》和《贼》两篇是最重要的，因此列于《法经》之首。

《法经》对劳动人民的反抗活动是予以严厉镇压的，比如规定一人越城者要处死，"十人以上夷其乡及族"；"群相居一日以上则问，三日以上则判死刑"；对于盗窃符、玺者要处重刑；此外还禁止人们议论法令，违者处死。以上规定，都是为维护王权和加强专制主义服务的。

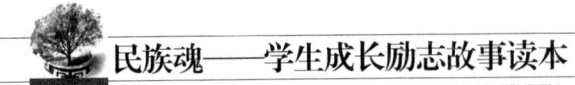

 # 秦孝公以信用人

秦孝公（公元前381—前338年），战国时期秦国杰出的君主。嬴姓，赵氏，名渠梁。秦献公之子，公元前361—前338年在位。其毕生追求富国强兵，任用商鞅实施变法，使秦国加快了崛起的脚步。

公元前361年，秦国21岁的年轻君主孝公在都城雍州即位执政。这时，齐、楚、魏、燕、韩、赵六国都很强大，唯独秦国地处偏远，经济落后，政治上也没有什么地位。秦孝公感到迫切需要有一番作为，说："谁要能献出妙计，使国家迅速强大起来，那就照他说的办！"

一天，一个年轻人风尘仆仆地来到秦国求见孝公，他就是卫国的公孙鞅。孝公先后三次接待了他，两人谈得十分投机。

公孙鞅说："如果要使国家强大，就不能沿用老办法；如果要使百姓得到实惠，就不能保留旧体制。"秦孝公说："太对了，快说说你的具体办法吧！"

公孙鞅说："变法可以分两步走。第一步要实行四条办法：一要奖励耕织，惩办倒买倒卖；二要奖励军功，反对打架斗殴；三要把百姓组织成什伍单位，稳定社会秩序；四要限制贵族的特权，不立新功就不能享有崇高的社会地位。"秦孝公说："真是好主意！那第二步是什么呢？"

公孙鞅接着说："第二步要实行三条：废井田开阡陌；统一度量衡；将全国统一设置成31个县。另外，还要鼓励父亲和成年的儿子以及兄弟分家而居。"秦孝公听完，兴奋得忘了自己的身份，用两膝跪行到公孙鞅的座席前说："真是好极了！我让你当左庶长，主持这场变法！"

虽然公孙鞅的变法主张得到了孝公的赞赏和支持，却遭到了守旧贵族的激烈反对，甚至连太子也犯了法。公孙鞅奏告秦孝公说："法之不行，自上犯之，变法的阻力，往往来自高高在上的那些养尊处优的人们。太子犯了法，是由于他的老师没有引导好，必须处罚太子的师傅！"秦孝公说："照你制定的条例办。"于是，就命人在太子那两位老师的脸上刺下"犯法"两个字。另有一名贵族，名叫公子虔，公然反对废井田、开阡陌，放高利贷时照样大斗进、小斗出，破坏度量衡的新制度。公孙鞅又奏告秦孝公，秦孝公再次说："照你制定的条例办。"于是，公子虔被判处"劓刑"，割掉了鼻子。

公孙鞅不但主持变法，而且向秦孝公请战，亲自带兵攻打魏国，打了大胜仗，占领了魏国在黄河西岸的大片土地，立了一大军功。

秦孝公自从采用了公孙鞅的变法措施以后，国家一天天兴盛起来，社会风气变得"道不拾遗，山无盗贼，家给人足""乡邑大治"，在诸侯中，秦国的地位骤然上升。秦孝公感觉自己这一代秦国又富强了，非常满意。当公孙鞅从伐魏前线回来以后，秦孝公就把"於""商"15邑封给了他，号为"商君"。后世称公孙鞅就叫商鞅。

### ■心灵物语

秦国之所以能一统六国，是从"商鞅变法"开始的；商鞅之所以能变法成功，是因为秦孝公的用人不疑、任人以信。

### ■史海钩沉

#### 秦国始末

春秋战国时期，秦国还是一个诸侯国。秦人为华夏族西迁的一支，其国君为嬴姓赵氏（据《史记》记载，秦、赵王室同出一祖，"秦之先为嬴姓，

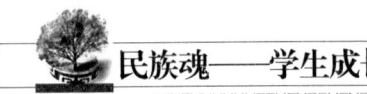

其后分封以国为氏……秦以其先造父封赵城，为赵氏")。最初，秦国的领地是在今陕西省的西部，在当时属于中国的边缘部分。在战国初期，秦国也比较落后，只有从商鞅变法后才陆续有所改变。公元前325年，秦惠王称王。公元前316年，秦国灭掉了蜀国，从此秦国才正式成为一个大国。公元前246年，秦王赵政执政，并于公元前238年掌权，开始了他对六国的征服。从公元前230年秦灭韩国开始，到公元前221年秦灭掉齐国，终于统一了中国。不幸的是，公元前207年，秦国便灭亡于秦末的农民起义之中。

## ■文苑荟萃

### 商鞅作法自毙

公元前359年，商鞅开始实行变法。商鞅变法首先取消了贵族的特权，规定重新按军功大小给予爵位。由此，贵族们失去了无功受禄的特权，因而对商鞅十分不满。然而，当时商鞅有秦孝公的支持，贵族们虽然怀恨在心，却也毫无办法。孝公在位22年驾崩，太子嗣位，史称惠文王。

当时很多贵族都知道，惠文王痛恨商鞅，便纷纷制造流言蜚语，有人甚至诬陷商鞅谋反。惠文王也十分清楚，商鞅根本没有谋反的动机，更没有谋反的可能，但他只是为了出气，因此下令逮捕商鞅。商鞅急于逃离秦境，匆匆赶路，来到关下，不想被守关军士拦住，声称"商君有令，黄昏后非公事不得出城"。商鞅这才意识到自己必须投宿住店。

商鞅来到一家旅店，要求住宿，老板走出来说："既是客人我们当然欢迎，请问您是谁？弄不清身份，我会被杀头的。这是商君的法令，违背不得呀！"商鞅当然不敢承认自己的身份，因此走出旅店，仰天长叹："我这是作法自毙呀！"

后来，商鞅被车裂而死。这种刑罚是十分残忍的，就是用五辆车分别用绳索缚住受刑者的头部与四肢，然后驱赶车马，把人活活撕成五段。惠文王杀了商鞅后，却继续执行商鞅的政策，秦国也日益强盛起来，从而为秦始皇统一六国奠定了经济与军事基础。

# 李世民信任尉迟敬德

尉迟恭（585—658年），字敬德，朔州鄯阳（今山西朔城区）人。唐朝名将，是凌烟阁24功臣之一，赠司徒兼并州都督，谥忠武，赐陪葬昭陵。传说其面如黑炭。在中国传统文化中，尉迟敬德与秦叔宝（秦琼）是"门神"的原型。

尉迟敬德原是刘武周手下一员大将。武德三年（620年）四月，与唐军相持约5个月的宋金刚军终因粮秣断绝，被迫以寻相部为后卫，向北撤退。李世民即率军跟踪追击，大败宋金刚军。宋金刚率余部两万精兵退至介休，出西门而战，宋金刚惨败而逃。刘武周放弃并州与宋金刚逃往突厥，后被突厥所杀。尉迟敬德则收拢残兵，坚守介休。李世民知其武勇出众，便派任城王李道宗和宇文士及进城劝降。尉迟敬德遂与寻相以介休、永安二城降唐。李世民见尉迟敬德来降，非常高兴，任命尉迟敬德为右一府统军，让他继续统领旧部八千人，与诸营相参。李世民的过分信任引起唐军众将的不满，李世民行军元帅长史屈突通怕尉迟敬德会反复，多次向李世民提起此事，均被李世民拒绝。

七月，秦王李世民奉命率军东征隋洛阳守将王世充。九月，寻相和刘武周的一些旧将相继叛变逃走，唐朝诸将对尉迟敬德也怀疑起来，认为尉迟敬德必叛，就把其关押在军中。二十一日，行台左仆射屈突通又与尚书殷开山向李世民进言道："敬德初归国家，情志未附。此人勇健非常，絷之又久，既被猜贰，怨望必生。留之恐贻后悔，请即杀之。"李世民却说："寡人所见，有异于此。敬德若怀翻背之计，岂在寻相之后耶？"李世民当即释放尉迟敬德，引入内室，赐以金宝，并说："丈夫以意气相期，勿以小疑介意。寡人终不听谗言以害忠良，公宜体之。必应欲去，今以此物相资，表一时共事之情也。"李世民的这番话，使尉迟敬德内心十分激动，从此终生为李世民效力，成为君臣关系的楷模。

当天，李世民率五百骑兵巡视战场，至魏宣武帝陵时，被突然而至的王世充所率万余步骑兵包围，王世充骁将单雄信挺槊直逼李世民。在此危急时刻，尉迟敬德及时跃马大呼，横刺单雄信落马，救了李世民。王世充军见状稍退，尉迟敬德趁机护卫李世民杀出重围。随后，尉迟敬德再率骑兵突入王世充军中，奋勇冲杀，如入无人之境。后屈突通率大队唐军赶到，大败王世充军，尉迟敬德活捉其冠军大将军陈智略，斩首一千余级，俘虏六千，王世充只身逃脱。战后，李世民对尉迟敬德说："比众人证公必叛，天诱我意，独保明之，福善有征，何相报之速也！"特赐金银一篚。自此，君臣关系愈加密切。

### ■心灵物语

李世民作为一代明君，自有其独到的人格魅力。正是因为他能够信任尉迟敬德，才为以后唐朝的盛世奠定了基础！

### ■史海钩沉

#### 贞观之初

贞观初年，在唐太宗的带领下，全国上下一心，经济得到了快速发展。到了贞观八年前后，唐王朝处处牛马遍野，百姓丰衣足食，夜不闭户，道不拾遗，出现了一片欣欣向荣的升平景象。

唐太宗在位的20多年中，积极纳谏，进谏的官员不下30人，其中大臣魏征一人所谏前后就有200余事，数十万言，且事事切中时弊，对改进朝政很有帮助。

唐太宗还十分注重对人才的选拔，选才也严格遵循德才兼备的原则。太宗认为，只有选用大批具有真才实学的人，才能达到天下大治，因此，他求贤若渴，曾先后五次颁布求贤诏令，并增加科举考试的科目，扩大应试的范围和人数，以便使更多的人才显露出来。由于唐太宗对人才的重视，贞观年间曾涌现出大量的优秀人才，可谓是"人才济济，文武兼备"。正是因为有这些栋梁之材积极发挥他们的聪明才智，才为"贞观之治"的出现作出了巨大的贡献。

## □文苑荟萃

## 门　神

门神的前身是桃符，又称"桃板"。古人认为，桃木是五木之精，可以克百鬼，因而从汉代时起，人们就用桃木做成辟邪之具，比如用桃木做成桃人、桃印、桃板、桃符等，认为这些东西都可以达到辟邪的效果。

在传说中，门神也是能捉鬼的神荼、郁垒。东汉时应劭所著的《风俗通》中引《黄帝书》说：上古的时候，有神荼、郁垒两兄弟，他们住在度朔山上。山上有一棵桃树，树荫如盖。每天早上，两兄弟就在这棵树下检阅百鬼。如果有恶鬼为害人间，他们便将其绑了喂老虎。

后来，人们就在两块桃木板上画上神荼、郁垒的画像，挂在门的两边，用来驱鬼避邪。南朝·梁·宗懔的《荆楚岁时记》中也记载：正月一日，"造桃板着户，谓之仙木，绘二神贴户左右，左神荼，右郁垒，俗谓门神。"

然而，真正史书记载的门神却并非神荼和郁垒，而是古代的一个勇士，名叫成庆。在班固的《汉书·广川王传》中记载：广川王（去疾）的殿门上曾画有古勇士成庆的画像，短衣大裤长剑。而到了唐代，门神的位置却被秦叔宝和尉迟敬德所取代了。

# 武则天任人以信

武则天（624—705年），中国历史上唯一一个正统的女皇帝（唐高宗时代，民间起义，曾出现一个女皇帝陈硕真），也是继位年龄最大的皇帝（67岁即位），又是寿命最长的皇帝之一（终年82岁）。唐高宗时为皇后（655—683年）、唐中宗和唐睿宗时为皇太后（683—690年），后自立为武周皇帝（690—705年），改国号"唐"为"周"，定都洛阳，并号其为"神都"。史称"武周"，705年退位。武则天也是一位女诗人和政治家。

武则天是中国历史上著名的女皇帝，很有作为。690年，她宣布将国号由"唐"改为"周"。这一做法受到一些大臣的反对，但她依靠一批酷吏如周兴、来俊臣等人，用严刑峻法镇压了反对派。

有一次，七名大臣被捕，周兴等人判了他们死罪。武则天这次则想从轻发落，说："古人之所以杀人，是为了禁止乱杀人，我这一次想反其道而行之，用放生来制止杀人。我要赐这七名罪犯不死，大家说行不行。"来俊臣抢着说："以生止杀真是陛下仁慈的发明，比古人高明多了。但是这七人罪大恶极，还是不要从他们开始吧！"话音未落，另外一位大臣立即上前启奏说："陛下提出了慈悲宽大的办法，我是完全拥护的。天子无戏言，您已经说不再杀他们，就不应再杀他们。但是来俊臣故意违背陛下的旨意，如果听了他的，将此七人杀掉，那么陛下今后用什么来示信于天下呢？"

武则天一看，这位大臣是司刑副官徐有功，官职比来俊臣小得多，却敢理直气壮地说话，心中暗暗高兴。于是，武则天大声说道："徐卿说得有理，这七人一律免死！"接着，武则天又说："寡人一向赞赏敢说真话的人，徐有功敢说真话，寡人任用他做'左肃政台侍御史'，负责复审大案要案，我想他一定能尽量避免冤案！"

徐有功一听，连忙跪下辞谢，说："臣难以承担这么重大的职责！"武则天感到奇怪，说："寡人提拔你，为什么要推辞呢？"徐有功说："陛下用臣下任执法高官，臣下若守正行法，就一定要招来许多诽谤，那样就会置臣下于死地了。"武则天一听乐了，说："我这'左肃政台侍御史'，就要用敢于守正行法的人来当。我倒要看看一个守正行法的人怎么会死！"

于是，武则天放手任用徐有功。徐有功在复审案件中，改正了许多周兴、来俊臣等人重判的案件，救活了许多人的性命。

一次，来俊臣将一宗大案呈奏武则天，并要处死案犯。武则天一看，是涉及一件谋反的案子，正要对案犯判死刑表态，徐有功说："陛下，这件案子臣下复审时，已认为不应当重判。"武则天很奇怪，问："为什么？"徐有功说："此案的主犯已经处死了，本案犯是从犯，经查，与主犯并无直接勾结，处死则是朝廷不当！"

武则天不爱听"朝廷不当"四字，周兴乘机说："徐有功故意为死囚说话，其罪当诛！"武则天大怒，说："来人，将这个故意为叛逆说话的人，推出去斩首！"

徐有功当场被绑了起来，当他被押出殿门时，回头看武则天一眼，义正词严地喊："臣虽死，法终不可改！"说完，挺直胸膛大步迈向刑场。

这时，长安城内一片肃静，刽子手止等待着行刑的时刻。武则天的情绪渐渐平静了一些，突然想起徐有功说过："陛下以法官用臣，臣守正行法，必坐此死矣。"徐有功确实履行了"守正行法"的原则，处死他倒是自己失去信用了。于是，她下了紧急命令："快传旨，赦免徐有功，官复原职！"

武则天任人以信，徐有功官复原职后，那一批酷吏的气焰也就不得不收敛些了。

## ■心灵物语

武则天能够任人以信，而徐有功又尽到了自己"守正行法"的原则，君臣二人皆信人也！

## ■史海钩沉

### 武则天专权

显庆五年（660年），唐高宗初患风疾，开始让皇后武则天处理部分政务。从此，武则天便开始参与朝政，而所处理的事务也都符合唐高宗的旨意。在此期间，出于天时、地利、人和等因素，朝政十分顺利，尤其是在隋末唐初屡屡受挫的高丽战场，自显庆五年后频频告捷，唐朝的疆域也日益扩大。

随着唐高宗病情的日益加重，武则天独自处理朝政的机会也越来越多，在朝廷上也慢慢有了自己公开的势力，这引起了唐高宗的不满。麟德元年（664年），唐高宗和宰相上官仪商议对策，决定废掉武则天，然而这个决定最后因为武则天反应敏捷、处理得法而流产了。为了加强自己对朝政的控制，武则天就开始垂帘听政。当时，人们将她和唐高宗并称为"二圣"。

麟德二年（665年）十月，武则天参加了泰山封禅，随后还提议高宗给大臣赐爵加价。通过这些举动，武则天迅速地扩大了自己的政治影响力，收买了人心。

上元元年（674年），武则天将唐高宗的皇帝称号改为"天皇"，自己则称"天后"，进一步提升了自己的政治地位。此后，她开始扶植外戚，为改朝换代作准备。同时，针对当时的情况，武则天还向唐高宗提出了12条建议，史称"建言十二事"，这也是武则天第一次独立提出自己的施政纲领。

□文苑荟萃

## 《贞观政要》

　　唐太宗李世民共在位23年，年号"贞观"。他的治绩，也被历代史家称颂为"贞观之治"。《贞观政要》正是一部政论性的史书，以记言为主，所记基本上都是贞观年间唐太宗李世民与臣下魏征、王珪、房玄龄、杜如晦等人关于施政问题的对话，以及一些大臣的谏议和劝谏奏疏。此外，它还记载了一些政治、经济上的重大措施。

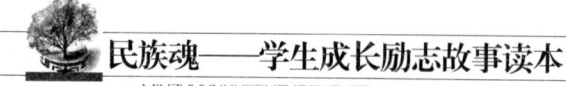

#  李沆诚实得帝信任

李沆（947—1004年），字太初，洺州肥乡（今属河北）人。太宗太平兴国五年（980年）举进士甲科，为将作监丞、通判潭州，召直史馆。雍熙三年（986年），知制诰。四年，迁职方员外郎、翰林学士。淳化三年（992年），拜给事中、参知政事。出知河南府，俄迁礼部侍郎兼太子宾客。真宗咸平初，自户部侍郎、参知政事拜同中书门下平章事，监修国史，后改中书侍郎，又累加门下侍郎、尚书右仆射。谥文靖。《宋史》卷二八二有传。

在封建时代，皇帝周围的大臣在奏报公事之外，往往还要私下里向皇帝秘密报告一些事情。

从皇帝方面来说，通过这些秘密报告的方式可以掌握宫内外的一切动态，监视大臣们平时的言行和人品。从大臣们的方面来说，这样做除了可以打击自己的政敌、达到自己的政治目的外，还能以此来赢得皇帝的信任和宠幸。

这些秘密报告的内容，通常都是别人私下里的言谈举动。它们有时能够起到揭露阴谋、打击权贵的正面作用，但更多的时候却成了陷害他人、抬高自己的一种手段。在封建社会，由于皇帝的提倡和赏识，大臣们几乎没有不打秘密报告的，他们也把这当作是一种荣耀，因为这说明自己是皇帝的心腹大臣。相反，秉公处世、不私下打报告的人倒是极少数了。

　　不过，宋真宗时的宰相李沆就是这少数人中的一个。

　　李沆在当时是很受宋真宗信任的，经常有机会单独和皇帝讨论国家大事，但他从不向皇帝秘密奏报其他人的隐私。他在皇帝面前怎么说，在朝廷上照样也怎么说，从不搞当面一套、背后一套。

　　有一次，李沆和另一位大臣发生了意见分歧，起因是对一位官员的处罚问题。这个官员在宋朝与西夏国的战争中，因未能将粮草及时运到军中，按军令该斩。李沆听说后，对事情做了一番调查，认为应该免这人的死罪。他在朝廷上据理力争，指出此人失言的真正原因是有人故意延误发粮时间，嫁祸于他。即使他有一定的责任，也不该判死罪。何况此人很有才干，而且一向勤勉谨慎，功大于过，杀了他是国家的一大损失。

　　另一位却认为：不管责任大小，都应该斩首，只有这样做才能严明法纪，警戒他人。李沆和这位大臣各抒己见，争得面红耳赤，谁也不能说服谁，只好将此事送交刑部研究。

　　与李沆争论的这位大臣平时就对李沆有所不满。经过这次争论之后，他更对李沆怀恨在心了，认为李沆这样做就是故意和自己过不去。为了报复，他派人四处散布说："李沆和犯罪的官员有私人交情，所以徇私枉法，包庇坏人。"他还暗地里向宋真宗告了李沆一状，说李沆不仅目无朝廷法纪，而且一向独断专行，连皇上的话都不怎么听。

　　当时李沆正在忙于其他公务，早把争论的不愉快忘记了。所以，尽管朝中议论纷纷，他却根本不知道。后来，有人提醒他防备暗算，他听后笑了笑说："我诚实办事，诚实对人，既然问心无愧，怕什么暗算！"

　　其实，宋真宗对李沆的人品还是比较了解和信任的。听了那位大臣的密报之后，他半信半疑，很想听听李沆自己的意见。等下朝之后，他就吩咐太监把李沆叫到偏殿。

　　等李沆来到以后，宋真宗身着便装，神态安闲地叫李沆坐下，还叫太监上茶。李沆知道，皇上现在又要和自己单独谈论政事了，因此心情也轻松下来。果然，宋真宗先同他谈起近来边防上的战事，又说起南方遭水灾等紧要的问题。正说着，宋真宗忽然话锋一转，突然问起对那个官员的处罚。李沆没有准备，愣了一下，说道："此事臣已经有详细的奏报送上来，陛下还没有看过吗？"

真宗不动声色地说："朕只是想亲自听听你的陈述。"

李沆就把自己的意见一一讲了一遍，然后又强调了这人的才干，说眼下正是国家用人之际，应该给他一个将功补过的机会。

李沆陈述完，见宋真宗似乎还想听下去，便问道："陛下还有什么想了解的吗？"这一问倒把宋真宗问得愣了一下，他说："你的意见都讲完了吗？是否还有什么不便说的，尽管说吧。"

李沆答道："臣的想法都说了，此事就请陛下裁断吧。"

宋真宗沉吟了一下，说道："你看这人怎么样？"真宗指的就是那个告李沆状的大臣。

李沆认真地答道："此公有宰相之才，唯有一点缺憾，就是气量狭窄，但还算是一位称职的大臣。"

真宗点点头说："好吧，你先回去，那件事待朕再斟酌一下。"

李沆刚起身要走，宋真宗忽然又问了一句："其他大臣都曾向朕密奏过事情，你为何从没有过密奏呢？"

李沆转身跪下答道："臣以为，我辈身为朝廷大臣，所做的都是朝廷上的公事。既然是公事，为何不能公开在朝堂上讲，而要密奏呢？凡是需要密奏的事情，我看除了为国家除掉谋反的奸臣之外，大都有不可告人的动机。臣一向反对这样的行为，怎么敢学着去做呢？"

真宗听后没说什么，挥挥手让李沆退下。

李沆走后，宋真宗站在那里，沉思了一会儿。他想："像李沆这样一个光明正大、诚实正派的人，是决不会徇私枉法的。看来，我对那些打秘密报告的人倒是要警惕一下了。"

从此，宋真宗更加信任和依靠李沆了。

■心灵物语

李沆不奏密报，为人诚实正直的品质令人敬佩。宋真宗明察是非，任人以信的品德也是难能可贵。

## 北宋政治徭役

　　宋朝时期，其政治体制大体沿袭唐朝的政治制度。然而，宋朝的宰相不再由三省长官担任，而是另以同中书门下平章事为宰相。同时还增设了参知政事为副相，通称执政，与宰相合称"宰执"。宋朝时期，宰相的权力大幅萎缩，仅负责行政职能。而中书门下与枢密院合称二府，掌管文武大权。又设有盐铁、户部、度支三司，主管财政大权，号称计省。这样，三司、宰执和枢密使三权互相制衡，因而在一定程度上削弱了相权，加强了皇权。另外，宋朝还在御史台之外增设谏院和置谏官，这些都是监察机构，负责弹劾等事宜。

　　为了加强中央集权，防止将领夺权，建隆二年三月，宋太祖赵匡胤下令削去了都点检这个重要的禁军职位。同年七月，宋太祖又通过杯酒释兵权的方式解除了武官的军权，禁军的领导机构改为殿前司和侍卫司，分别由殿前都指挥使、步军都指挥使和马军都指挥使（三帅）统领。但是，三帅均无发兵之权。

　　宋朝还在中央设立枢密院来负责军务，枢密院直接对皇帝负责，其他任何官员都不能随便过问。而枢密院虽然可以发兵，却不能直接统军，这样就使统兵权与调兵权互相分离。同时，宋朝还经常更换统兵的将领，以防止军队中出现个人势力。因此，宋朝的兵力部署可谓"强干弱枝""守内虚外"。

　　宋朝的军队分为四种，即禁军、厢军、乡兵、藩兵。禁军是中央军，也是宋朝军队的主力；厢军是各州的镇兵，由地方长官控制；乡兵则是按机关抽调的壮丁；藩兵则是防守在边境的非汉民族军队。

　　宋代的赋役制度基本也延续了唐末的两税法，但增加了丁税，而差役则更加繁重，这也在一定程度上加重了人民的负担，因此王安石变法时才有免役法的推行。

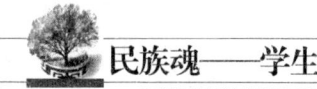

□文苑荟萃

# 劝学诗

宋真宗赵恒

富家不用买良田，

书中自有千钟粟；

安居不用架高堂，

书中自有黄金屋；

出门莫恨无人随，

书中车马多如簇；

娶妻莫恨无良媒，

书中自有颜如玉；

男儿若遂平生志，

六经勤向窗前读。

# 第三篇
## 商海沉浮 信誉为先

# 晋文公守信用

晋文公（公元前697—前628年），姬姓，名重耳，与周王室同宗。春秋时期著名的政治家，晋国国君，春秋五霸之一。

晋文公准备攻打原国，但只携带着可供10天食用的粮食。他与大夫们约定10天作为期限，要攻下原国。

可是到原国10天后，晋文公却没有攻下原国，只好下令敲锣退军，准备收兵回晋国。

这时，有战士从原国回来报告说："再有三天我们就可以攻下原国了。"这是攻下原国千载难逢的好机会，眼看就要取得胜利了。

晋文公身边的群臣也劝谏说："原国的粮食已经吃完了，兵力也用尽了，请国君再等待一些时日吧！"

然而，晋文公却语重心长地说："我跟大夫们约定10天的期限，若不回去，是失去我的信用啊！为了得到原国而失去信用，我办不到。"随后便下令撤兵回晋国去了。原国的百姓听说这件事，都说："有君王像文公这样讲信义的，怎可不归附他呢？"于是原国的百姓纷纷归顺了晋国。

卫国的人也听到这个消息，便说："有君主像文公这样讲信义的，怎可不跟随他呢？"于是归顺文公。

孔子听说这件事后，就把它记载下来，并且评价说："晋文公攻打原国竟获得了卫国，是因为他能守信啊！"

## ■心灵物语

"信盖天下，然后方能约天下。"作为领导者，只有守信用，才能获得部属的信任；做人只有讲信义，才能交到天下朋友。

## ■史海钩沉

### 晋文公即位

公元前636年，秦穆公护送重耳回晋国。重耳即位，称晋文公，即位后的他在诸侯中威信很高。侍奉晋惠公的旧臣吕省和郤芮害怕遭到晋文公的迫害，所以想谋杀他。于是，他们计划放火烧他的宫室。勃鞮听到了他们的阴谋，想预先告诉晋文公，但是文公拒绝让他觐见，因为他曾经试图刺杀文公两次。勃鞮回答他当时奉命行事，提醒他"过去齐桓公没有记恨管仲向他射箭"，晋文公听后，便接待了勃鞮，勃鞮就揭露了吕省和郤芮的阴谋。吕省和郤芮逃走，秦穆公把他们俘获杀死了。

公元前635年，周襄王的弟弟王子带发起了兵变，周襄王无奈逃到郑国，并向晋文公紧急请求援助。这时，秦国人也正准备去援救周王。晋文公想当霸主，他就想乘这个机会显示一下自己的权力和威力，因此不顾晋国刚刚安定的局面，决定在秦国人行动之前拯救周王，不想让秦国人得到功劳。所以，他就帮助周襄王打败了王子带，并护送周襄王回到京城。为了感谢晋文公的恩惠，周王将河内、阳樊等地区赠送给了晋国。

## ■文苑荟萃

### 寒食节

寒食节为有史料记载的中国传统节日中最早形成的祭祀节日。在唐代时，寒食节就被定为国家法定节日。中国古代的春祭活动都是在寒食节，后来又将其融入清明节一并祭祀。

　　相传寒食节的起源是为纪念春秋时期晋国人介子推（公姓介名推，又称介之推，子为敬称，之为虚词）。当时，介子推与重耳流亡列国，为了让重耳充饥，介子推割自己身上的肉来给重耳吃。重耳复国为晋文公后，介子推不求利禄，与母亲归隐绵山。晋文公只好焚山以求之贤，介子推坚决不出山，最后抱着大树被烧死。晋文公将介子推的尸体葬在绵山，修祠立庙，并命令在介子推焚死之日禁火寒食以寄哀思，后代便相沿成俗。

　　唐人卢象在《寒食》中有诗曰："之推言避世，山火遂焚身。四海同寒食，千古为一人。深冤何用道，峻迹古无邻。魂魄山河气，风雷御宇神。光烟榆柳火，怨曲龙蛇新。可叹文公霸，平生负此臣。"这里所说的就是表示寒食节来历的"之推绵山焚身"的故事。也因为如此，山西的介休绵山被誉为"中国寒食清明文化之乡"，每年都会在这里举行隆重的寒食清明祭祀活动。

#  商鞅立杆为信推变法

商鞅（约公元前390—前338年），卫国（今河南安阳市内黄梁庄镇一带）人。战国时期政治家、思想家，著名法家代表人物。姬姓，卫氏，全名为卫鞅。因卫鞅本为卫国公族之后，故又称公孙鞅。后封于商，后人称之商鞅。应秦孝公求贤令入秦，说服秦孝公变法图强。孝公死后，受到贵族诬害以及秦惠文王的猜忌，车裂而死。其在秦执政二十余年，秦国大治，史称"商鞅变法"，并使秦国长期凌驾于山东六国之上，但最后还是死于自己的变法之下。

商鞅年轻时，非常喜欢研究法律，是个很有才华的人。开始时，他在魏国宰相公叔痤的手下当一名小官，公叔痤发现他很有才能，就向魏惠王推荐，让商鞅治理整个国家。但魏惠王没有采纳，所以商鞅在魏国始终没有被重用。

后来，商鞅听说秦国招募贤人。为了施展自己的才华和抱负，他毅然离开了魏国来到秦国。到秦国后，经人介绍，商鞅拜见了秦孝公，向秦孝公宣讲了"治世不一道，使国不法古"的道理和富国强兵的办法，很受秦孝公的赏识。在秦孝公的支持下，商鞅为秦国制定了一系列鼓励耕战的新法令。

商鞅所制定的法令条文，对惩罚和奖励规定得都是很明确的，但也很严格。他认为，要想让人们遵守法令，就必须先相信法令。他说："对人的行为怀疑就谈不上名义，对事情怀疑就谈不上取得成就。"他怕老

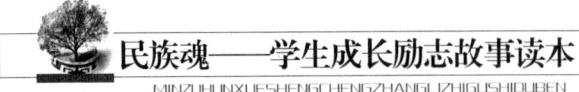

百姓不相信新法能真正实行，所以在新法令制定好之后，并没有立即向老百姓公布，而是首先取信于老百姓，让老百姓相信他商鞅说的话是算数的，所制定的新法令是要按章办事的，会说到做到。要树立变法的信任感，怎么办呢？

商鞅命令手下人在咸阳都城的南门市场上立了一个3丈高的木杆，专门用来公布告示，招募百姓将木杆搬走。如果谁能将木杆搬到北门，就奖励他10金。开始时，老百姓对这件事都感到很奇怪，谁也不敢去搬动木杆。于是，商鞅就派人又张贴一张告示说："能搬到北门的，奖励他50金。"这时，有个胆大的人抱着试试看的态度，把木杆从南门扛到了北门，商鞅真的命人赏给这个人50金。这件事迅速地在老百姓中间传开了，人们也开始相信商鞅说话算数，不是哄骗人的。商鞅取得了老百姓的初步信任后，紧接着便在全国公布了新的法令。

新法实施以后，大部分人能按照法令规定办事，但也有少数人不守法令。商鞅对这些人并不迁就，一律按法令办事。开始时，太子带头违法，商鞅在不便直接处罚太子的情况下，严厉地惩罚了太子的两位老师。这样一来，就再也没人敢违法了，真正做到了令行禁止。于是，秦国的社会秩序大治，出现了道不拾遗、山无盗贼、家给人足的局面，为秦国后来的富国强兵奠定了基础。

### ■心灵物语

国无信则不立。商鞅为了能够顺利地推行变法，把信义广播于百姓而采取了这种做法，最终推动了变法的成功。

### ■史海钩沉

#### 齐魏韩三国联合攻秦

周赧王十七年，齐、韩、魏三国联合对秦进攻。战争开始后，赵、宋两国并未真正协助秦国作战，而是利用大国间的矛盾冲突，趁三国与秦作战之机，兼并邻近其他小国，以扩充自己的领土。三国进攻秦国的战争，持续了三年之久，最后攻进函谷关，迫使秦国承认战败，退还侵占魏的河外、封陵和韩的河外、武隧等地区，缔结了和约，停止了战争。

□文苑荟萃

## 法家思想

在先秦诸子百家中，针对一些社会问题，儒家提倡仁爱，墨家主张兼爱，而道家则认为：仁爱和兼爱都不能救世，唯一的方法就是什么都不做，即主张"无为"的思想。三家之间存在着激烈的争论，但他们都是主张回到过去的。就在这时，主张面对未来的法家横空出世。法家学派的代表人物，就是战国时期的商鞅和韩非。

可以说，法家是先秦诸子百家中的另类。在先秦在诸子百家中，唯有法家的思想是必须以献出生命来实践、以流出鲜血来祭奠的。可以说，法家思想是血染的思想。为法家思想的发展流出鲜血、付出生命的，在当时不仅有许多有罪或无辜的贵族和贫民，还有法家学派的代表人物，比如商鞅与韩非。

 # 宋濂借书践承诺

> 宋濂（1310—1381年），明朝开国元勋。字景濂，号潜溪，别号玄真子、玄真道士、玄真遁叟。潜溪（今浙江义乌）人。元末明初文学家。宋濂家境贫寒，但自幼好学，曾受业于元末古文大家吴莱、柳贯、黄潛等。他一生刻苦学习，"自少至老，未尝一日去书卷，于学无所不通"。元朝末年，元顺帝曾召他为翰林院编修，他以奉养父母为由，辞不应召，修道著书。

宋濂从小时候起，就非常喜欢读书学习，钻研学问。但是他家里很贫穷，上不起学，连书都买不起，只好向有书的人借书读。当地郑义门的藏书非常丰富，他也很关心宋濂的学习，常常把书借给他读。宋濂学习十分刻苦，在学习条件相当困难的情况下，还是阅读了大量书籍。当他遇到好书的时候，更是爱不释手。可书是借别人的，不能不还，于是他就夜以继日地把书抄写下来。冬天，有时天气很冷，外面滴水成冰，室内也非常冷，连砚台都结了冰，手指也冻得几乎拿不住笔了，但是他仍然坚持加紧抄书，抄完之后，及时把书还回去，从来没有耽误过还书的日期。就因为他诚实守信用，不少人都信得过他，肯把书借给他读。

到了成年，当地能读到的书宋濂都读遍了，而他求学的要求也更加迫切了。他常常到百里以外的地方去寻师求学，有时还要背着行李，赶不回去时就随便找个地方住下来，忍饥挨冻也不灰心。有一次，他和一位名师约定上门求学，正好碰上下大雪的天气。上路之后，雪越下越大，路上的积雪几尺深，但他为了不失约，顾不得冻坏双脚，还是步行赶去了。到了客栈时，四肢都冻僵了。好心的店主人深受感动，给他热水喝，还给他找来被子盖上。一会儿后，他才渐渐暖和过来。

宋濂求教的老先生，都是很有名望的学者。只要有机会，他一次也不放过求学的时机。他在外地学习，有时寄居在客栈里，生活很艰苦，为了节省开支费用，一天只吃两顿饭，衣服穿得补了又补，很破旧。但他以求知为快乐，别的什么都不在意。就这样，他数十年如一日地刻苦求学，终于取得了成就。

## ■心灵物语

宋濂借书不误期，答应别人的事情也不因恶劣的环境而改变，他这种守信践诺的品质是多么高尚啊！

## ■史海钩沉

### 一条鞭法改革

一条鞭法改革主要是指役法改革，也涉及田赋。明代时期，徭役原有里甲正役、均徭和杂泛差役。其中以里甲为主干，以户为基本单位，户又按丁粮多寡分为三等九则，作为编征差徭的依据。丁指16至60岁的合龄男丁，粮指田赋。粮之多寡取决于地亩，因而徭役之中也包含有一部分地亩税。这种徭役制的实行，以自耕农小土地所有制广泛存在和地权相对稳定为条件。明中叶后，土地兼并剧烈，地权高度集中，加以官绅包揽、大户诡寄、徭役日重、农民逃徙，里甲户丁和田额已多不实，政府财政收入减少。针对这种现象，不少人提出改革措施，国家从保证赋役出发，逐渐把编征徭役的重心由户丁转向田亩。商品经济的发展，货币作用的上升，也

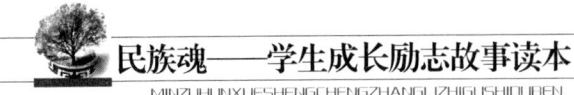

为这一变革创造了条件。

对于农民来说，其实这就是两种性质不同的剥削。在没有实行一条鞭法以前，差徭之中虽然有一部分摊派于田亩，但所占比重很小。而实行一条鞭法后，役银由户丁负担的部分缩小，摊派于田亩的部分增大，国家增派的差徭主要落在土地所有者身上，已初步具有摊丁入亩的性质。它不只减少了税目，简化了赋役征收方法，更重要的是赋役性质的变化。

在役银编征方面，一条鞭法改革打破了过去的里甲界限，改为以州县为基本单位，将一州县役银均派于该州县之丁粮。编征同时，考虑到了民户的土地财产及劳动力状况，即所谓的"量地计丁"。据隆庆四年（1570年）户部奏：江南布政司所属府、州、县各项差徭，通计一岁共用银若干，依照丁粮两项编派，有丁无粮者作为下户，仍纳丁银；有丁有粮者编为中户，丁粮俱多者编为上户，"俱照丁粮并纳"。此经批准"着为定例"。可见，"量地计丁"在当时，是属于编征役银的基本原则。

## ■文苑荟萃

### 宋濂诗词

#### 莲珠岩

吟上莲珠岩，诗成不敢写。
疑有绿毛仙，洗髓梅花下。

#### 送许时用还剡

尊酒都门外，孤帆水驿飞。
青云诸老尽，白发几人归。
风雨鱼羹饭，烟霞鹤氅衣。
因君动高兴，予亦梦柴扉。

## 晓　行

荒鸡一再号，驱车事晨征。

寥寥秋风肃，况此华日明。

万顷琉璃中，著吾一身行。

肝胆尽冰雪，毛发亦含情。

超然鸿蒙初，顿觉百虑冥，

安得王子乔，为言此时情。

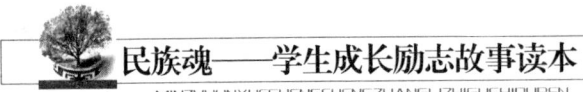
 # 胡雪岩诚实不欺

胡光墉（1823—1885年），安徽绩溪人，因在杭州经商，寄居杭州。幼名顺官，字雪岩。著名徽商。初在杭州设银号，后入浙江巡抚幕，为清军筹运饷械，1866年协助左宗棠创办福州船政局。在左宗棠调任陕甘总督后，主持上海采运局局务，为左大借外债，筹供军饷和订购军火，又依仗湘军权势，在各省设立阜康银号20余处，并经营中药、丝茶业务，操纵江浙商业，资金最高达白银2000万两以上。

1874年，"红顶商人"胡雪岩在杭州的吴山脚下开设了胡庆余堂。在中医药漫长的发展过程中，胡庆余堂以其精湛的制药技艺和独特的人文价值，赢得了"江南药王"的美誉。

胡庆余堂的许多匾额都是朝外挂的，唯独"戒欺匾"是挂在营业厅的背后的，因为这是挂给内部员工看的。这块匾是胡雪岩亲笔题写的，内文为："凡百贸易均着不得欺字，药业关系性命尤为万不可欺，余存心济世誓不以劣品弋取厚利，唯愿诸君心余之心。采办务真，修制务精……"

"采办务真"中的"真"字指的是入药的药材一定要"真"，力求"道地"。胡庆余堂在创建之初，胡雪岩曾派人去各产地收购各种道地药材。比如去山东濮县采购驴皮；去淮河流域采购淮山药、生地、黄芪；去川贵采购当归、党参；去江西采购贝母、银耳；去汉阳采购龟板；去关外采购人参、鹿茸等。从源头上，胡雪岩就着手抓好了药品的质量。

"修制务精"中的"修"是中药制作的行业术语。"精"就是精益求精，其意是要求员工要敬业，制药要精益求精。在胡庆余堂百年的历史发展中，曾流传着许多精心制药的故事，如"局方紫雪丹"是一味镇惊通窍的急救药，按照古方制作，要求最后一道工序不宜用铜铁锅熬药。为了确保药效，胡雪岩不惜血本请来能工巧匠，铸成了一套金铲银锅，专门用来制作紫雪丹。如今，这套金铲银锅已被列为国家一级文物，被誉为中华药业的第一国宝。

## ■心灵物语

　　胡雪岩诚实不欺、精益求精的经商准则也令他成为中国最有名气的"红顶商人"，他信道而行的做事准则是我们当代青少年学习的典范。

## ■史海钩沉

### 《马关条约》的签订过程

　　《马关条约》是中国清政府与日本于1895年签订的丧权辱国的条约。

　　日本在明治维新后，开始向外"开疆拓土"，而陆上西进的目标就是朝鲜和中国。1876年，日本强迫朝鲜签订了第一个不平等条约《江华条约》，由此日本的侵略势力开始进入朝鲜。清朝与朝鲜有着一定的宗藩关系，日本进驻朝鲜后，极力破坏这种关系，在朝鲜造成与中国的尖锐矛盾和多次冲突。1885年3月，中日签订《天津会议专条》，确立了两国在朝鲜问题上的对等地位。此后，日本便开始有计划地大力开展针对中国的扩军备战活动。

　　1894年春，朝鲜爆发东学党农民起义，朝鲜政府请求中国援助。然而当清军入朝时，日本却以保护使馆和侨民等名义大军进驻朝鲜，并于7月25日突袭中国北洋舰队，挑起了中日甲午战争。

　　1895年（光绪二十一年）初，日本又侵占了中国的山东威海。然而清政府无心抗战，一再求和，最后派直隶总督李鸿章为头等全权大臣前往日本马关，与日本总理大臣伊藤博文和外务大臣陆奥宗光议和。

　　会谈中，日方提出包括占领天津等地在内的4项苛刻条件，迫使李鸿

章撤回了停战要求。后来，李鸿章在回使馆途中突然被日本浪人刺伤。日本担心这样会造成第三国干涉的借口，于是自动宣布休战，双方签订休战条约，休战期为21天，但休战范围仅限于奉天、直隶、山东各地。此时，日军已占领澎湖，并出现威胁台湾之势，而停战也将这个地区除外，保持了日本在这里的军事压力。

4月1日，日方提出苛刻的议和条款，李鸿章乞求降低条件。10日，日方提出最后修正案，要求中方明确表示是否接受，不能再继续讨论。在日本的威逼下，清政府被迫接受。4月17日，李鸿章代表清政府签订了丧权辱国的《马关条约》。

**■文苑荟萃**

## 《筹办夷务始末》

《筹办夷务始末》是指清政府官修的对外关系档案资料汇编，又称《三朝筹办夷务始末》。

《筹办夷务始末》共计道光朝80卷，文庆等编；咸丰朝80卷，贾桢等编；同治朝100卷，宝鋆等编。其中，道光朝自道光十六年（1836年）议禁鸦片开始，至二十九年止，收录了这一期间涉外事项的上谕、廷寄、奏折、照会等档案约2700件，总共220万字。咸丰朝起自道光三十年正月，到咸丰十一年（1861年）七月为止，计收谕折、照会等约3000件，共200万字。同治朝自咸丰十一年七月至同治十三年（1874年）十二月为止，共收上谕、廷寄、折片等约3600件，共250万字。

这三朝中，凡是涉及中外关系史上的重要事件，如两次鸦片战争、中外勾结镇压太平军情况、沙俄强占中国东北土地以及教案问题、租界问题等都有记载。

《筹办夷务始末》于1929年至1930年间由故宫博物院影印出版，但所录的文件既无标题又缺乏目录，所记的日期也都是用干支计年的，使用起来非常不便。新中国成立后，中华书局对其进行了加工整理后出版，在每个文件上都加了标题、标点分段，并注明了公元月日，书后还增编了谕折索引以及事件等分类索引，令其使用起来非常方便。

 十元钱还了几十年

　　张强和王劲松曾经是一个连队的战友。退伍之后，张强在杭州工作，王劲松则辗转至苏州工作。

　　1965年的一天，王劲松从苏州到杭州办事。办完事之后，他一摸口袋，发现钱不够回苏州了，于是就想到了张强。"他找到我，我就借了他10元钱。"张强轻描淡写地说。

　　在当时，10元钱不是小数目，张强一个月的工资才40多元钱。

　　过了几天，王劲松又来到杭州，准备还钱，却发现再也找不到张强了，原来张强已调动了工作。

　　王劲松到处打听张强去了什么单位，结果谁也不知道。回家之后，在妻子李艳红面前，王劲松这个大男人哭了。

　　此后，为了还上这10元钱，王劲松一直在四处打听，可是张强却一直找不到。"王劲松在我面前哭了好几次，说无论如何一定要把张强找到。"李艳红说。

　　48年悄悄过去，当年年轻力壮的王劲松早已成了鹤发老人。不过在他心中，始终有着一个愿望：一定要把张强找到。

　　"去年年底，他又梦见向张强还钱。"李艳红说，醒来之后，王劲松决定：一定要在有生之年找到张强，按当时10元钱的购买力还钱给他。

　　人海茫茫，张强在哪里呢？王劲松又患了严重的高血压，很难外出。几经周折，消息传开，张强知道了王劲松为还10元钱在找他的事。

　　"这份情谊令人感动。"张强说，他几乎忘了曾借出过10元钱，他

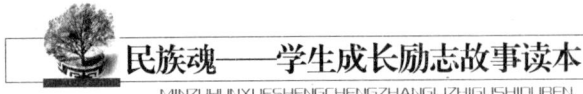

赶紧给王劲松打去了电话。

日前，两位老人在苏州见面了。一见面，王劲松就掏出钱，想还给张强。可张强无论如何不肯收："我心领了。"几次推让之后，王劲松只好作罢。

事后，王劲松一再说不好意思。"从小我就受教育，做人一定要老老实实。"王劲松说。他觉得，自己多年来的愿望依旧未圆，因为还是没把钱还上。

不过，张强却不这么看。"在情谊面前，钱算得了什么呢？"他说，王劲松的这种精神，才是最令人感动的。

### 心灵物语

朋友之间，最好不要涉及太多的经济利益纠纷。"所谓君子之交淡如水"说的就是这个道理，欠别人人情总会惦记着要还，被欠的一方相处起来也不会自然。王劲松事出有因借的10元钱，几十年如一日直到还钱才能问心无愧，这种诚实讲信用的品质不由得让人深深敬佩。

 # 傅震学成回国践诺

　　傅震是一名1989年学成回国的优秀留学生。自从选择了医生职业，傅震就暗暗立下了要用自己的医术为病人解除痛苦的诺言。

　　1968年，傅震毕业于苏州医学院，1978年到南京医学院学习脑外科专业。硕士毕业后，他就在南京医学院第一附属医院、江苏省人民医院脑外科工作。

　　1988年，傅震通过严格的考试，以优异成绩被国家教委录取后派往德国杜塞尔多夫大学医学院进修深造。杜塞尔多夫背靠原始森林，莱茵河绕城而过，风景优美，气候宜人。可傅震无暇游览这异国的美丽山水和旖旎风光。每到周末，人们都是游玩娱乐，只有他一人在灯下苦读。

　　1988年4月上旬的一天，在学院附属医院脑外科，西德神经科协会主席、世界著名的神经外科专家博克教授，指着一个患"转移性脑肿瘤"病人的脑袋，问中国进修医生傅震："肿瘤位置在哪？请你标出手术区。"

　　傅震根据CT片和临床经验，胸有成竹地回答："右额部前方，离脑表面3厘米。"同时在患者头部标出了手术区。

　　转移性脑肿瘤只有指甲般大小，要确定具体位置和深度是很困难的。

　　"不，在右额后方！"博克以不容置疑的权威口气加以否定。

　　"右额前方！"

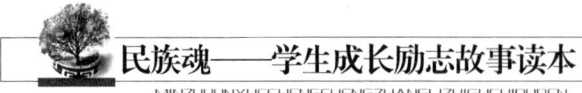

"不对，肯定在后方！"

互不相让的大声争执吸引了许多医生、护士。一个刚来一个多月的中国进修生，竟敢和德国脑外科权威争辩，而且那么自信，人们要看看，究竟谁的判断正确。

博克教授叫护士长取来"扇形超声波"。几次来回扫描，清楚地显示出傅震标出的位置十分准确。博克满意地笑了，医生、护士们流露出惊讶、钦佩的神色。实际上，这是博克有意在考验傅震。

手术一结束，博克教授立即向德国卫生部和州政府报告，为傅震申请"行医执照书"。这在德国是颇不容易的事。一个月后，他又被德国医学会接纳为正式会员。

次年初，博克教授主动对傅震说："你的签证2月份就到期了。留下来吧，每个月奖学金5000马克。"博克打心眼里喜欢这个中国进修生。教授的助手也多次试探地询问傅震，是否打算将妻子接到西德来。傅震谦虚刻苦又不迷信盲从的诚实可信的品格，给博克和其他医生、护士留下了深刻印象。

博克教授劝他留下后的几天，他便收到西德医学会寄来的信件和表格，提醒他签证即将到期，只要在表格上签上自己的姓名，即可办理延期手续。紧接着，杜塞尔多夫大学人事部又给他一张延长签证的通知。博克教授和其他朋友再三提醒他，千万别错过机会。其实，傅震何尝不知道，留下来工作条件、生活待遇要比国内优厚得多，只要延长一年，自己行医，就可挣十多万元。何况这又是政策允许的。可他还是拿定主意，将按期回国的打算如实告诉了博克教授。博克非常吃惊，没想到他这么快就决定了去向。爱才的博克感到惋惜，但更多的是对他的敬重。到傅震回国这天，博克教授开车将傅震一直送到300多公里外的法兰克福机场。

从德国进修回来，傅震如虎添翼，把许多脑病患者从死亡边缘挽救过来。归国后一年里，他做了50多例脑动静脉畸形、颅内动脉瘤等难度大的手术，成功率为100%。1990年3月，他晋升为副教授、副主任医师。1991年1月，傅震在人民大会堂主席台前，从江泽民总书记手中接过了"全国有突出贡献的回国人员"奖状和证书。在傅震的心目中，重要的不是荣誉，而是奉献，是实现了自己的诺言。

## ■心灵物语

傅震没有忘记年轻时许下的诺言，更没有辜负祖国的培养。他面临国外的优厚待遇不动摇，为祖国的医疗事业作出了突出贡献。傅震的作为体现了其对祖国、对人民贞信不渝的崇高品质！

## ■史海钩沉

### 世界卫生组织

世界卫生组织(简称"世卫组织")是联合国下属的一个专门机构，其前身可以追溯到1907年在巴黎成立在国际公共卫生局和1920年在日内瓦成立的国际联盟卫生组织。二战后，经联合国经社理事会决定，1946年7月，64个国家的代表在纽约举行了一次国际卫生会议，签署了《世界卫生组织组织法》。1948年4月7日，该组织法得到了26个联合国会员国的批准后生效，世界卫生组织宣告成立。此后，每年的4月7日便成为全球性的"世界卫生日"。同年的6月24日，世界卫生组织在日内瓦召开的第一届世界卫生大会上正式成立，总部设在瑞士日内瓦。

世界卫生组织的宗旨，是使全世界人民获得尽可能高水平的健康。该组织给健康下的定义为："身体、精神及社会生活中的完美状态"。世界卫生组织的主要职能包括：促进流行病和地方病的防治；提供和改进公共卫生、疾病医疗和有关事项的教学与训练；推动确定生物制品的国际标准。截至2009年5月，世卫组织共有193个成员国。

世界卫生组织是联合国系统内卫生问题的指导和协调机构，它负责对全球卫生事务提供领导，并拟定卫生研究议程，制定规范和标准，阐明以证据为基础的政策方案，向各国提供技术支持以及监测和评估卫生趋势等。

# 以诚信质量树品牌

1979年，大连市的青年杨文安以350平方米破旧厂房、三台旧机床起家，大胆地创办了大连市第一家安排知青就业的集体企业——大连高压阀门厂知青农场。

办厂后，杨文安勇于改革，通过三个联合，即：北方与南方联合、城市与农村联合、集体与国营联合。1982年，他又创办了由13个厂、店、队组成的大连高压阀门厂知青农工商联合公司。此外，大连高压阀门厂也成为大连市的第一家无待业青年企业，并且还安置了该厂的职工家属和大连市的少数民族、市直机关、省外贸、中国银行等企事业单位的诸多待业青年。

在经营管理过程中，杨文安采取大包干、小包工、承包、浮动工资、职务工资等超前改革的做法，坚持"经营要活、管理要严、奖罚要明、效益要高、收入要多、福利要实"的办企方针，使企业三年内经济效益猛增。1982年，杨文安的公司被中央肯定为全国发展集体经济先进单位。

1985年至1990年，杨文安又先后签订了四个中外合资企业的合同，取得了三个营业执照，先后任三个合资企业的董事长兼总经理。

可以说，杨文安是个传奇式的人物，他思维敏捷、才智过人。他的处事原则是："讲政策、讲原则、讲感情、讲义气，不忘恩、不记仇，

诚信为人，光明磊落做人。"

杨文安是这么说的，也是这么做的。在产品质量上，他严把产品质量关，不让一个残次品出厂。他制定"以优取胜、以诚取胜、以信取胜、以德取胜"的四取胜经营之道和不靠歪门邪道的经营原则，使公司成立以来，出厂的产品没有一件次品。

2003年，杨文安又创立了大连大洋阀门研究发展有限公司，而此时公司的产品不仅有国家专利项目，还有已经研制成功的四项具有世界先进技术水平的专利阀门新产品。这些产品的良好性能与过硬的质量，使大洋阀门赢得了国内外很多客户的关注。

在与客户的往来过程中，杨文安始终以良好的人格和诚实守信的合作宗旨，博得了客户的一致好评，也因此获得了更多订货厂商的认可，国内外很多厂家都慕名而来，纷纷要求与杨文安合作。大洋的品牌在杨文安的领导下，以诚信为基础、以质量为根本，逐步发展起来。

## ■心灵物语

质量和诚信是企业的生存法宝，今天的大洋阀门，正以其良好的质量和信誉，不断赢得更为广阔的市场、不断创造更为引人注目的成绩。

## ■史海钩沉

### 布鲁塞尔尤里卡世界发明博览会奖

布鲁塞尔尤里卡世界发明博览会奖于1950年设立，每年会在比利时的首都布鲁塞尔举行一次。该博览会主要是展出各种民用工业的技术发明。博览会设评委会大奖、首相奖、奥斯卡奖、大臣奖、金奖、银奖、铜奖、军官勋章、骑士勋章等。从1986年起，中国开始参加博览会产品的展出。

## 品牌形象

所谓品牌形象，是指一个企业或其某个品牌在市场上、在社会公众心中所表现出来的个性特征，它可以体现出公众特别是消费者对品牌的评价与认知。

品牌形象与品牌是不可分割的，形象是品牌所表现出来的特征，反映了品牌的实力与本质。品牌形象主要包括产品的品名、包装、图案广告设计等。形象是品牌的根基，因此企业必须十分重视自己品牌形象的塑造。

 # 鲁冠球以信誉创业

> 鲁冠球（1945—2017年），浙江万向集团董事局主席兼党委书记。15岁辍学，做过锻工。鲁冠球是改革开放以来中国民营企业家的杰出代表人。他创造了一个在细分领域里的民族品牌——万向集团。现已发展成为国家520户重点企业和国务院120家试点企业集团之一。1985年被《半月谈》评为全国十大新闻人物。万向是第一家上市的乡镇企业、第一家进入国务院试点企业集团的乡镇企业，第一家拥有国家级技术中心的乡镇企业，第一家产品进入美国通用汽车公司配套生产城的中国汽车零部件生产商。

鲁冠球是杭州万向节总厂厂长，曾先后荣获"全国十佳农民企业家"、第二届"全国优秀企业家"称号，并荣获首届"中国经济改革人才金杯奖"。他所领导的杭州万向节总厂，由七人小厂起家，发展成为集农、工、贸于一体，年盈利1000万元的集团企业，1990年被评为乡镇企业独占鳌头的国家一级企业。

有人问鲁冠球，你厂生产的"钱潮"牌万向节为啥那么畅销？

他不假思索地回答："靠质量，靠信誉！"

万向节是汽车的重要配件。鲁冠球工厂生产的"钱潮"牌万向节非常走俏，订货的用户蜂拥而至，全厂职工乐不可支。

一天，安徽芜湖寄来一封退货信，说有些万向节出现裂纹。鲁冠球心急如火，把办公桌拍得乒乒响。他气愤地对供销人员大叫："快把合格品送去，把那些次品换回来，快去，快去！"供销员走后，他左思右想，如坐针毡。

"次品芜湖有，湖北、四川、济南有没有呢？"他当机立断，马上派人分赴各地用户处，把那些不合格的产品统统背回来……

几天后，万向节次品运回来了，堆在仓库里像个小山包，他召集全厂职工，严肃地说："咱厂生产出这些次品不仅是对'钱潮'牌万向节信誉的损害，更是对国家、对人民的犯罪！我作为一厂之长，有不可推卸的责任。从今天起，我们立个规矩，对那些只能将就的产品，一律按废品处理……"说完，他下令把3万套万向节运往废品收购站。有些老工人对鲁冠球说："鲁厂长，这些产品再维修一下总好用吧。"也有人说："这值几十万元钱呢，我们几百年也赚不了那么多呀！"

鲁冠球理解乡镇企业农家人。他们清早起来挑一担白菜、萝卜进城去卖，为了多赚一二分钱，往往与城里人讨价还价，争得面红耳赤。他耐心开导工人们："我们现在是办企业，不是到集市上卖青萝卜。为了贪小便宜，在好菜里裹棵烂菜，用绳一捆，只要钱到手，哪管别人骂娘，反正第二天谁也不认识谁。眼下全国有50多家万向节厂在竞争，真要立住脚，靠得牢的是质量、信誉……"

由于鲁冠球对产品质量要求高、严，工厂的产量、利润一度下降了。不要说奖金没了，就是工人工资也有6个月没发。但是他们树立了对国家的责任心和对用户讲信誉的思想，讲质量、讲信誉，之后的"钱潮"牌万向节不仅享誉国内，而且走进了国际市场。

### 心灵物语

鲁冠球严守信誉和质量，在所属行业上信道而行，从而赢得了市场和信誉。他的成功让我们看到了信誉和质量就是一个企业的生命，也是企业长久存在并发展的法宝！

□史海钩沉

## 经济特区的建立

所谓经济特区，是指在国内划出的一定范围，在对外经济活动中采取较国内其他地区更加开放和灵活的特殊政策的特定地区。

在我国，政府允许外国企业或个人以及华侨、港澳同胞等，在这样的地区进行投资活动并实行特殊政策。在经济特区内，对国外投资者在企业设备、原材料、元器件的进口和产品出口，公司所得税税率和减免，外汇结算和利润的汇出、土地使用、外商及其家属随员的居留和出入境手续等方面，还会提供优惠的条件。

从特征上讲，经济特区是我国采取特殊政策和灵活措施吸引外部资金、特别是外国资金进行开发建设的特殊经济区域；从功能上讲，经济特区是我国改革开放和现代化建设的窗口、排头兵和试验场。这既是对经济特区特殊政策、特殊体制、特殊发展道路的概括和总结，也是对经济特区承担的历史使命和实际作用的概括和总结。

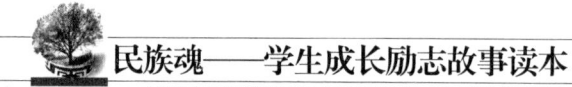
 # 李嘉诚的功夫茶

李嘉诚（1928—    ），籍贯广东潮州，现任长江实业集团有限公司董事局主席兼总经理。

对于李嘉诚，中国企业无人不知、无人不晓。然而，李嘉诚成功之前也走过一条艰苦创业的路，其艰辛与坎坷很少为人们所知。

李嘉诚在创建长江塑胶厂时，曾将自己从意大利偷师学艺回来的塑料花生产技术应用上，一时间生意火爆。然而，由于产品供不应求，一时曾出现了降低产品质量来应付订单的情况，结果导致许多客户对低质量的产品要求退货，塑胶厂为此也陷入了困境，几近破产。

这一天，母亲庄碧琴把李嘉诚叫到身边，对他说："儿啊，给妈妈泡一道功夫茶。"李嘉诚用地道的凤凰茶给妈妈泡了一道潮州功夫茶。

庄碧琴吩咐李嘉诚坐下来，品了几口茶后，就问李嘉诚："你认识老家开元寺法号叫元寂的那个住持吗？"未等李嘉诚回答，庄碧琴继续说，"元寂年事已高，希望能找到一个合适的接班人。候选人呢，是他的两个徒弟，一个法号叫一寂，另一个法号叫二寂。"李嘉诚静静地听着母亲说，并不插话，只是给母亲满上一杯功夫茶。

庄碧琴呷了一口功夫茶，又接着说，"这一天，元寂把这两个徒弟都叫到自己跟前，说：'我现在给你们两个人每人一袋稻谷，明年秋天以谷为答卷，谁收获的谷子多，谁就是我的接班人。'第二年秋天到了，

一寂挑来了满满的一担谷子，二寂却两手空空。元寂却当众宣布由二寂来担任接班人。"

这时，李嘉诚打断了母亲的话："不是说好谁收获的谷子多，就选谁当接班人吗？"

庄碧琴笑了笑，说："是的。一寂听了，也很不服气地说：'分明是我收获了一担谷子，二寂颗粒无收，怎么能够让他担任住持呢？'元寂微微一笑，高声地对众人说：'因为我给一寂和二寂的谷子都是用滚水煮熟的，是不可能种出来谷子的。显然，二寂是诚实的，理应由他来当住持。'于是，众人悦服。"

说到这里，庄碧琴忽然话锋一转，说："经商就如同做人一样，应该诚信当头，这样就会无危而不克了。"

李嘉诚听罢母亲的话，深有感悟。从此以后，李嘉诚将讲诚信放在经商首位。不久后，李嘉诚的诚信打动了银行、供货商和员工，工厂的形势也因之好转，危机成就了商机。李嘉诚从此在商界上站稳了脚跟。

## ■心灵物语

李嘉诚用诚信打动了他周围的人，可以说是诚信带给了李嘉诚事业上的成就。其实，诚信不只会在商业活动中为我们带来利益，在人生的旅途中也是一笔宝贵的财富！

## ■史海钩沉

### 香港回归

香港回归俗称九七回归，有时称为香港主权移交，中国内地则常称为香港回归祖国（中国），是指1997年7月1日（英国租借香港新界99年的期限届满之时），英国将香港的治权理交予香港特别行政区政府的历史事件。同时，香港的华人也成为中华人民共和国的公民，并恢复其中国人的身份。

## 李嘉诚基金会

李嘉诚基金会是经香港认可的慈善机构，1980 年由香港富商李嘉诚创办，以更有系统地资助香港及世界各地的慈善服务。

李嘉诚少年时期曾历经忧患，不到 15 岁就不得不辍学而到社会上谋生存，因而也深深地体会健康和知识的重要性。他认为，对无助的人给予帮助，是世上最有意义的事情。而教育和医疗更是一个国家的富强之本，李嘉诚认为，一个人的力量到底是有限的，唯有事业成功，才能对社会和国家作出更大的贡献。因此随着事业进展，李嘉诚也热心于慈善公益事业，积极支持内地及香港的教育医疗事业。

1980 年，李嘉诚投资成立了李嘉诚基金会，开始致力于参与公益事业，并通过资助能提升社会能力的项目，达到基金会的两大目标：推动建立"奉献文化"及培养创新、承担和可持续发展的精神。李嘉诚基金会及由李嘉诚成立的其他慈善基金，对教育、医疗、文化及公益事业支持的款额已逾87 亿港元之多。此外，李嘉诚还推动旗下企业的集团积极捐资及参与各种社会公益项目，以求帮助更多需要帮助的人。

 # 同仁堂以信存百年

北京同仁堂药店是一家在海内外都享有盛誉的企业。在许多人的心目中，"同仁堂"几乎已经成为中医中药的代名词。

同仁堂还有乐家老铺的别称，是中国近代商业企业中采取自东自掌经营方式的一个典型。乐家的祖先是浙江人，明代永乐年间迁入北京，以行医卖药为生。到了清代，乐家的乐显扬进入太医院任职，其子乐梧冈继承祖业，在前门外的大栅栏开设了同仁堂药店。

由于同仁堂药店的名气大、药效好，药品质量也很可靠，因此大约到了雍正年间，同仁堂就得到了供奉皇宫的御药房的专利，由此便开始享有许多特权，清政府甚至还屡次调拨官银支持同仁堂的经营。慈禧当政以后，同仁堂又开始供应成药。

在封建社会，自己的产品能够供奉御用，对于经营者来说，就像是一块市场营销的金字招牌。尤其在中国，普通老百姓如果能用上皇宫大内御用的物品，那简直就是一种至高无上的荣耀。因此，"御用"二字在近代中国简直就是一张畅销通行证，对一个企业来说更是一笔巨大的无形资产。

正是凭着这份名声，同仁堂在经营中得到的待遇也是与众不同的。比如购进药材，靠着自己的信誉与名声，同仁堂可以先挑货、先用货，而后付款。在每年的药市，同行也都唯同仁堂马首是瞻，根据同仁堂的用货情况来决定自己的进货种类与数量。

同仁堂之所以能出名，其产品能被指定为御用，并不是一种幸运或

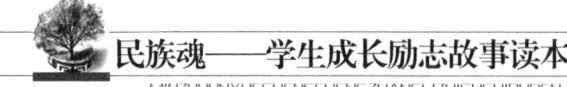

偶然，而是乐家几代人追求高品质、好信誉，并全力维护自有品牌的结果。同仁堂的创始人和接续的经营者，为了自家的产品能够做得精工细做，特立下经典训示："炮制虽繁，必不敢省人工；品位虽贵，必不敢减物力。"

作为治病救人的药品，乐家对此不敢有丝毫马虎，"平日汲汲济世，兢兢小心"，任何偷工减料的行为都被视为不能容忍的行为。除恪守古训外，同仁堂还树立了"修合无人见，存心有天知"的自律意识，这些行为和做法都确保了同仁堂金字招牌的长盛不衰。

为了尽可能地减少或避免差错，同仁堂在经营管理过程中甚至不用学徒，以防徒工因经验不足而造成闪失。也正因为这种一丝不苟的认真态度，才让同仁堂生产出了令人信服的优质药品，从而长期地稳坐京城国药业的第一把交椅。

当时，北京人对同仁堂药品的赞誉是相当高的：

都门药铺属同仁，丸散人人道逼真；

纵有岐黄难别味，笑他若个术通神。

同仁堂一向都以丸散膏丹著称于世，它所生产的一大批中成药也是驰名中外，其疗效自然也为世人所肯定。其实，同仁堂曾有高达1170种配方的中成药，但最终经过逐步筛选、淘汰和归类改进后，仅留下了400多种疗效较高的成药。

同仁堂的金字招牌也是来之不易的。在300年的发展过程中，同仁堂同样历尽风雨。在乾隆年间，乐家曾丧失过对同仁堂的经营权。对于乐家经营的这块金字招牌，就连清皇室也不愿其倒掉，但在乐礼掌管同仁堂期间，由于经营不善，同仁堂曾负债累累，"以致铺务难支"。面对同仁堂的这种境况，清皇室不仅出资资助了同仁堂的经营，还派官员"弹压一应私债，不得搅扰"，对同仁堂给予了很大的帮助。岂料生意还没等见到起色，乐礼就病故了，不久同仁堂又惨罹火灾，家产荡然，继任经营的长子也随之而亡。接连受到天灾、人祸的打击，乐家也已无力继续经营同仁堂，只好招商承办。

当时的同仁堂已经只剩一片废墟了，然而承办招商的张世基却愿意出巨资重开同仁堂，这全在于同仁堂还有一项最大的资产，那就是它的金字招牌。

作为一个精明的经营者，张世基清楚地看到这块金字招牌中所蕴含的价值。因此，在他主持经营期间，一秉同仁堂的经营本色，也特别重视维护这块金字招牌。其后，同仁堂的经营权也几次易手，但利益所系，每个经营者无不将这金字招牌视为经营之本而加以精心维护。

同仁堂经营史上，有一位传奇式的人物，他就是乐印川。乐印川在收回同仁堂的全部外股后，建立了一套完善的"自东自掌"的经营管理制度。他要求主管者一切不假手外人，从称药到配药，必须亲自监督；购买药材也要亲自经手。另外，他还规定同仁堂不用徒弟，不用资方代理人，不许子孙经营其他业务如当铺、饭馆等。乐印川的用意是非常明确的，就是要减少一切犯错的可能性，因为同仁堂经营的产品是治病救人的，不能出一点儿差错。乐印川清楚地知道，任何一点儿微小的错误，最终受到伤害的不仅是患者，还有同仁堂这块来之不易的金字招牌。

为了经营这块金字招牌，乐印川还用同仁堂的名义积极回馈社会。他在会试期间，曾向全国各地来京应试的学子赠送药品。此外，他还做了许多慈善活动，如冬设粥厂，夏送暑药，开办义学，施舍义财等。在北京市政工程开沟挖壕的工地上，同仁堂都会设立标有同仁堂字号的沟灯，以方便行人。这一切，给人们留下的是同仁堂"仁义"的名声。

此后，同仁堂的经营主管也都能严格地按照前人留下的祖训家规行事。即使在四房各自独立经营的时期，为了维护同仁堂的金字招牌，仍规定四房可以使用乐家老铺的称谓分别自行开设药店，但都不能使用同仁堂的名义。

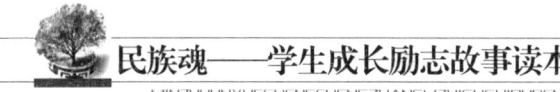

如今，同仁堂的字号招牌依然价值连城。同仁堂的企业史以及其所有者的家事演绎出了许多的传奇故事，成为后人文艺创作的丰富题材，几乎所有的文学艺术作品中都会将同仁堂与清代皇宫的关系大加演绎渲染，这也从另一个侧面反映出了同仁堂经营过程中所取得的成功。

## ■心灵物语

对于商界，民间流传着所谓"无商不奸"之语，多是源自那些不法奸商欺诈消费者的故事。其实，坑蒙拐骗的事例与正常的规范交易相比，只是极个别的，但它对消费者造成伤害的后果却是长久的、难以弥补的。因而经营者的信誉对于一个企业来说，其意义与价值是难以估量的。值得重视的是，信誉的取得是一个艰难的积累过程，然而它的失去往往是轻而易举的。

## ■史海钩沉

### 中华老字号

老字号是指数百年商业和手工业竞争中留下的精品，通常都是各自经历了艰苦奋斗的发家史而最终统领一行的。老字号的品牌，也是人们公认的质量的同义语。

现代经济的发展，使老字号显得有些失落，但它仍然能以自己的特色而独树一帜。在一些闻名遐迩的老店中，有始于清朝康熙年间提供中医秘方秘药的同仁堂，有创建于清咸丰三年（1853年）为皇亲国戚、朝廷文武百官制作朝靴的"中国布鞋第一家"内联升，有以工艺品而闻名华夏的天津乔香阁，有1870年应京城达官贵人穿戴讲究的需要而发展起来的瑞蚨祥绸布店，还有明朝中期开业以制作美味酱菜而闻名的六必居。这些老字号，都已成为中华民族悠久历史的重要的一部分。

## 同仁堂的质量观

古往今来，同仁堂文化质量观形成的原因通常有两个：一个是同仁堂人的自律意识。历代同仁堂人都恪守着诚实敬业的药德，提出"修合无人见，存心有天知"的信条，制药过程严格依照配方，选用地道药材，从不偷工减料，以次充好。另一个则是同仁堂的外在压力。这个外在的压力就是皇权的压力，因为是为皇宫内廷制药的，因此任何时候都不能有半点马虎，稍有不慎就可能导致杀身之祸。

历代同仁堂人都坚持着"配方独特、选料上乘、工艺精湛、疗效显著"的四大制药特色，从而生产出了众多疗效显著的中成药。1989年，国家工商局将全国第一个"中国驰名商标"称号授予了同仁堂，使同仁堂成为迄今为止在全国中医药行业唯一取得"中国驰名商标"称号的企业。同仁堂不仅有"十大王牌"，而且形成了以"十大名药"为代表的产品系列，从而赢得了国内外人士的广泛赞誉和青睐。

 ## 祥泰义诚信畅游商海

　　袁世凯在当中华民国的大总统时，有一次，他在吸雪茄烟时，点燃后烟里突然发出"噼啪"的爆裂声，他被吓了一大跳。当时政敌环伺，局势动荡，尤其是袁世凯曾用暗杀手段对付政敌，因此他也十分害怕别人"以其人之道还治其人之身"。所以，这起点烟事件在当时引发了轩然大波，最后查出此乃雪茄品质低劣所致，一场风波方才平息。但是，总统府为此也作出决定：凡总统府所用的食品、洋酒、洋烟、杂货等，都必须由祥泰义洋酒罐头商行送货。

　　在当时，祥泰义洋酒罐头商行是北京一家著名的食品杂货商行，其创办人为韩邦泰。韩邦泰的生意经，就是做生意必须要有信誉，而商家的信誉则来自于所销售商品的品质。也正是由于祥泰义平时的苦心经营，注重点滴的信誉积累，因此袁世凯的总统府才会将其作为自己使用商品的指定供应商。

　　早些时候，韩邦泰曾在天津与远房族兄韩邦祥、族弟韩邦义合伙摆了个卖烟酒食品的小摊，主要的销售对象是那些驻天津的外国人。几年下来，他们有了一些积蓄，便在天津的法租界附近租了一处铺面房，开了一家杂货店，专门经营外国的洋酒和罐头食品。这个小杂货店的店名就叫祥泰义，是用三个合伙人名字的最后一字组成的。

　　后来，由于合伙人之间产生了分歧，韩邦泰只得另起炉灶。1909年，他以在天津祥泰义分到的一部分商品和2000多块钱，在北京开设了一家名字也叫祥泰义的洋酒罐头食品杂货店。

　　对经营洋酒罐头生意，韩邦泰是很有经验的，所以他对北京祥泰义的选址与经营范围及营销对象都经过了认真的考虑。祥泰义在开设后，仍以经营欧美的洋酒、罐头、食品等进口商品为主，绝大部分的进货还是从几家自己原本就熟悉的天津批发商（如德茂恒、大昌和等）那里赊购，小部分从上海购入，这些供货商都是自己多年打交道的，他们批发的商品质量和交货时间也都有保障。由于在商品的进货源头上把好了关，所以祥泰义的经营也有了较好的基础。

　　祥泰义的销售对象，主要是在京的外国使馆、兵营、洋商、大饭店以及北洋政府的官员和大学里的高级知识分子等。为了能更好地服务顾客，对于在营业现场直接接待顾客的店员，韩邦泰要求他们能用英语和外国顾客对话，首先在语言上能满足顾客的需求。好的商品还要伴以周到的服务，才能最终赢得消费者的信赖。

　　在销售方式上，祥泰义也是灵活多样，如采取赊销、订货、送货和建立购货本等办法，尽量方便顾客，满足顾客的需求。这样做，可以令一些使馆的工作人员和大饭店的中外顾客长期与之交易，从而成了商店的固定客户。

　　祥泰义在经营过程中，非常注重信誉，从不弄虚作假，也不卖假货。祥泰义出售的食品如果不新鲜或稍有变质，祥泰义就会马上将其作废物处置，宁可自己赔钱，也不会随便卖给顾客。祥泰义的这种做法，也表明了经营者的长远眼光。

　　祥泰义做生意还特别守信，从来不让用货单位耽误事，这在消费者中是具有良好口碑的。为了能够做到这一点，韩邦泰每天在下班后都会坚持处理各用户当天送来的订货单，并亲自按单配货，以便第二天伙计们上班后可以及时准确地为顾客送货上门。

　　信誉往往就是经营的保证，信誉也能带来利益的回报。祥泰义的员工到各外国使馆、兵营、北洋政府的各大机关送货，都持有特别发给的通行证，这在同行业中是非常少见的。有个同业商号也想享受与祥泰义一样的待遇，于是通过请客送礼千方百计地挤了进去，结果，由于他们的货引发了前述的袁世凯雪茄事件，反而使得总统府作出了更有利于祥

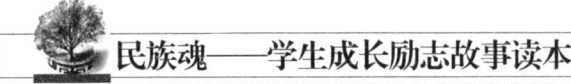

泰义的决定。

祥泰义获得了这些特别待遇后，生意自然也是越做越顺畅。比如，当时从南方进货时在铁路上经常受阻，不管是时间耽搁或货物毁损，商家都会受到不同程度的损失。而祥泰义因为打着"供应总统府"的旗号，一切难题也就能顺利解决了。

北洋政府时期，正是祥泰义的鼎盛时期。在这期间，祥泰义的生意得到了迅速地发展，并扩充了商店门面，新建了50多间仓库、15间地下室，商店职工也增加到30多人，这在同行中已算得上是数一数二的大商行。其间，祥泰义除了门市销售之外，还增加了批发业务，利润自然也相当可观，仅每年例行发给职工的年终奖金就曾将近2000余元。这个数额，几乎相当于祥泰义在北京刚刚开业时的资本总额了。

■心灵物语

信用的提高既可以减少交易成本，又能提高经济效益。信用体系的建立是一个漫长的发展过程，是在无数次商品交易中累积起来的。如果人们认识到彼此间有信用，交易的完成就会容易得多。祥泰义正是认识到信誉的重要性，才使自己的生意越做越大。